文旅经济100问

任群星　许少亮　陶勇◎著

文化发展出版社
Cultural Development Press
·北京·

图书在版编目（CIP）数据

文旅经济100问 / 任群星，许少亮，陶勇著．
北京：文化发展出版社，2025．7．—ISBN 978-7-5142-4693-3

Ⅰ．G124-44；F592.3-44

中国国家版本馆CIP数据核字第2025ZB3212号

文旅经济100问

任群星　许少亮　陶　勇　著

责任编辑：安玉霞　　责任校对：侯　娜
责任印制：邓辉明　　封面设计：思享文化
出版发行：文化发展出版社（北京市翠微路 2 号　邮编：100036）
网　　址：www.wenhuafazhan.com
经　　销：全国新华书店
印　　刷：三河市中晟雅豪印务有限公司

开　　本：880mm × 1230mm　1/32
印　　张：9
字　　数：160千字
版　　次：2025 年 7 月第 1 版
印　　次：2025 年 7 月第 1 次印刷

定　　价：68.00 元
I S B N：978-7-5142-4693-3

《文旅经济100问》著作团队

主 著 作 者： 任群星　许少亮　陶　勇

参与著作者： 康　超　吴荣伟　陈　倩　沈　滢

沈思宇　黄颖倩　庄奕祺　赖志朋

王欣婷　王睿智

作者简介

任群星　女，高级工程师，现任福建中咨工程咨询有限公司执行董事、总经理，福建中咨规划设计研究集团有限公司董事长。从事工程咨询工作二十余年，始终坚守在业务一线，具有丰富经验。研究领域包括项目策划、产业研究、规划咨询、评估咨询、管理咨询、PPP咨询等，主持或参与完成的项目获得省部奖2项。

许少亮　男，正高级工程师，正高级经济师，注册城乡规划师，硕士生导师。现任福建中咨工程咨询有限公司总经理助理，福建中咨规划设计研究集团有限公司董事、总经理。研究领域包括项目策划、产业研究、规划研究、工程咨询、国土空间规划、工程设计、乡村振兴等课题。主持或参与完成的项目获得省部奖18项，发表专业论文16篇，取得发明专利1项。

陶勇　男，正高级工程师，注册城乡规划师，硕士生导师，博士。现任福建中咨规划设计研究集团有限公司董事、副总经理。研究领域包括项目策划、规划研究、国土空间规划、工程设计、乡村振兴等课题。主持或参与完成的项目获得省部奖48项。

内容简介

《文旅经济100问》全面阐述了文旅经济这一新兴领域的基本概念、发展历程、关键技术、产业影响、创新趋势及面临的挑战，为读者深入理解文旅经济的内涵提供了清晰的框架。本书分析了文旅经济的核心构成要素，包括文化产业、旅游产业以及它们与健康、养老、智能科技等跨界融合的深度互动；探讨了文旅经济如何通过数字化转型、新商业模式、文创产品等推动产业升级与社会经济发展，如何在面对资源开发、文化保护等挑战下增加创新活力和市场潜力；分析了文旅经济对传统文化产业和地方经济的影响；揭示了文化旅游、生态旅游等新兴领域如何催生刺激市场需求，并提出了文旅经济未来发展方向。

福建中咨规划集团
微信公众号

序　言

文化是民族的根脉，旅游是民生的乐章。习近平总书记指出，旅游是综合性产业，是拉动经济发展的重要动力。

近年来，全国各地文旅活动如火如荼地开展，呈现出百花齐放的局面，一大批富有特色的多元文旅场景纷纷上线，吸引八方游客，为扩大国内需求注入蓬勃活力。

福建中咨规划设计研究集团（以下简称福建中咨规划集团）编著的《文旅经济100问》，通过问答的形式，抽丝剥茧地讲解文旅经济的概念内涵、发展脉络、产业格局、商业模式、数字化创新、未来前景等重要内容，令人耳目一新，启人心智。

注重多元融合分析是本书一大特色。《文旅经济100问》通过对康养旅居、生态旅游、数字化场景等新兴领域的探讨研究，多维度地揭示了文旅经济发展的市场形态、价值内涵，展现了文旅经济独特的经济和社会价值，揭示了文旅产业从“流量驱动”向“生态驱动”转型的必然趋势。同时，本书加强“文旅+养老”“文旅+科技”等跨界模式的解析，为传统业态的升级提供了破局思路。

直击现实问题是本书另一特点。面对文旅经济的可持续发展挑战，本书并未回避矛盾。如在探讨数字化赋能时，既肯定智慧旅游的体验升级，也点出“数据孤岛”与信息安全的隐忧；在分析网红经济时，既揭示其引流价值，也提出要避免“文化的过度商业化”等风险。这种批判性视角贯穿全书，体现出较强的研究思辨张力。

福建中咨规划集团是中国国际工程咨询有限公司（以下简称中咨公司）的重要一员，成立以来始终深耕区域规划与产业咨询领域，近百项成果荣获各级嘉奖。福建中咨规划集团充分发挥工程咨询跨学科、跨领域的集成优势，为各级政府提供科学决策依据，为市场主体开拓创新提供发展思路。本书还有姊妹篇，分别为《海洋经济100问》《银发经济100问》《数字经济100问》《绿色经济100问》《低空经济100问》。这六本书虽各有侧重，但都贯通“产学研一体化”的编研思路，以系统性思维和整体性观念认识和解决问题，有效拓展了“工程咨询+智库”的应用领域。

近年来，中咨公司已构建起覆盖全产业链的智库服务体系，全力打造国家高端智库，而以福建中咨规划集团为代表的所属单位持续深化智库研究，必将丰富“中咨品牌”的内涵，为中国式现代化贡献更多智慧方案。

更令人鼓舞的是，智库化转型已经成为工程咨询行业的发展潮流，需要更多的工程咨询机构像福建中咨规划集团一样，把握时代机遇，着力实现“咨询+研究”双轮驱动发展，让更多的智力成果从纸面走向实践，从规划变为实景。

本书是工程咨询行业丛书中的行业通识类书籍。为进一步加大行业研究工作的宣传力度，构建工程咨询行业出版物体系，中国工程咨询协会规划了智库研究、理论指南、标准规范、行业通识、年度报告、其他等六类出版物，旨在通过一系列高质量、有特色的出版物，提升行业整体研究能力，扩大行业影响力和辐射力。

谨以此序言致敬每一位文旅事业的耕耘者。工程咨询行业要以文化自信点亮山河，以创新思维赋能产业，做到文旅为笔、匠心为墨，绘就经济繁荣与文明传承的壮美画卷，共同谱写中华民族伟大复兴的璀璨华章！

肖凤桐

中国工程咨询协会会长

2025年6月30日

目 录

第一章

文旅经济的概述

001 什么是文旅经济？

文旅经济是人类智慧将文化和旅游完美融合的结晶。它不仅是一种经济形态，更是文化传承与创新、经济发展与社会进步相互交织的美好画卷。

在文旅经济的画卷中，文化资源如同颗颗璀璨的明珠，历史遗迹是凝固的诗篇，传统节庆是流动的韵律，民俗活动是活着的历史。这些承载着文明记忆的文化元素，经过精心提炼和创意转化，成为吸引游客的独特魅力所在。当我们将传统文化与现代旅游业相结合时，不仅为人们打开了深度文化体验的大门，更为地方经济注入了汩汩活水。

文旅经济的精彩展现，在于它创造了丰富的表现形式。从历史遗址游到艺术展览游，从文化创意产品开发到数字文化体验，每一种形式都如同打开了一扇新的窗口，让人们在旅途中感受文化的魅力。文创产品的创意无限，它们既是旅游纪念品，更是文化传播者；既丰富了游客的旅行体验，又延伸了产业链条的价值空间。

文旅经济的魅力更在于它所产生的蝴蝶效应。当人们在旅途中触摸历史、感知文化时，文化的传播便自然发生了。这种传播超越了地域界限，在全球范围内架起文化交流的桥梁。它让人们不仅带着美好的回忆离开，更将文化认同感深深植根于心田。

展望未来，数字技术的发展正在为文旅经济开拓新的疆域。虚拟旅游让足不出户的人们也能感受异域风情，数字展览让珍贵文物走出库房与观众对话。这些创新不仅拓展了文旅的边界，更为经济发展注入了新的活力。

文旅经济是文化与旅游交融绽放的花朵，它以独特的魅力，在促进经济发展的同时，也让文化的种子播撒得更广，生长得更好。这种发展模式不仅是时代的产物，更是人类文明传承与创新的美好见证。

002 文旅经济的主要特征是什么？

在当今社会，文旅经济作为一种新兴的经济发展模式，正在深刻改变着人们的生活方式和价值观念。它不是文化和旅游的简单叠加，而是二者深度交融后的产物，展现出独特的发展特征和社会价值。

文旅经济的本质是文化与旅游的深度交融。这种融合不是表面的元素拼凑，而是内在价值的有机结合。通过对历史遗址、传统艺术、民俗节庆等文化资源的创新转化和利用，文旅经济将文化的魅力注入旅游体验，创造出独特的旅游价值。例如，文化主题公园通过还原历史场景、再现传统文化，让游客在娱乐中感受文化的魅力；文化创意产业园区则通过展示现代艺术、传统工艺，打造了一个个充满创意的文化空间。

文旅经济的发展还体现在其完整的产业链体系上。这个产业链不仅涵盖了传统的文化旅游服务，还延伸到文创产品开发、特色餐饮住宿、演艺娱乐等多个领域。文化产业的创新与旅游服务的提升相互促进，形成了一个以文化为核心、旅游为载体、服务和创意为支撑的生态系统。这种产业链的重构使文旅经济展现出强大的生命力和发展潜力。

在消费层面，文旅经济正在推动体验式消费的全面升级。现代消费者不再满足于简单的观光游览，而是追求更高层次的精神享受和文化共鸣。通过增强游客的参与感和沉浸感，文旅产品让旅游变成了一种身心愉悦的文化体验。无论是亲手制作传统手工艺品，还是观看地方特色戏剧表演，在这些互动过程中，游客不再是旁观者，而是文化的参与者和传播者。

文旅经济对地方经济社会发展的带动作用同样显著。它不仅为地方创造了直接的经济效益，更推动了区域整体发展。通过挖掘和利用本地特色文化资源，许多小城镇成功实现了华丽转身，从默默无闻变成了旅游热点。这不仅带来了游客量的增长，也促进了相关产业的发展，创造了大量就业机会，提升了基础设施水平。

特别值得一提的是，文旅经济展现出强烈的跨界融合特征。随着科技的进步，数字技术、互联网、大数据、人工智能等新技术与文旅产业深度融合，催生了许多创新业态：虚拟现实技术让游客足不出户就能感受异域风情；智慧旅游系统为游客提供精准服务；线上文化传播平台则让传统文化焕发新的生机。

总的来说，文旅经济作为现代经济发展的重要模式，不仅提升了旅游体验和消费质量，也为地方经济社会发展注入了新动力，更为文化传承与创新提供了广阔空间。它代表着一种更高层次的融合发展之路，展现了经济与文化相互促进的美好前景。

003　文旅经济与传统文化产业的关系是什么？

在文化与旅游深度融合的今天，文旅经济与传统文化产业之间的关系日益密切。它们相互依存、彼此促进，共同谱写着文化产业发展的新篇章。

文旅经济实际上是传统文化的一次创新性延伸和发展。传统意义上的文化产业主要聚焦于艺术创作和技艺传承，比如音乐、舞蹈、戏剧以及手工技艺等。而文旅经济则巧妙地将这些文化元素与旅游活动相结合，创造出全新的文化体验产品和服务。无论是地方戏曲表演、民俗节庆展示，还是历史遗迹游览，都成为吸引游客的重要元素，从而带动了传统文化产业的持续发展。

在这个过程中，文旅经济为传统文化产业带来了前所未有的发展机遇。随着旅游业的蓬勃兴起，越来越多的游客渴望在旅途中感受当地的文化魅力。这种需求直接推动了传统工艺品、特色美食、民间艺术等文化产品市场的扩大。以景德镇陶瓷、宜兴紫砂、云南银器为代表的众多传统手工艺，在文旅经济的带动下焕发新生，不仅获得了更广泛的市场认可，而且创造出了独具地方特色的文化旅游商品。

与此同时，文旅经济也促使传统文化产业进行创新性转型和升级。借助现代科技手段和创新思维，许多传统项目在保留核心文化价值的基础上实现了创新发展。例如，数字化技术让传统博物馆展品“活起来”，互动式体验项目让观众不再是被动的旁观者，而成为文化的参与者和传播者。这些创新不仅吸引了更多年轻游客的关注，也为传统文化注入了新的生命力。

可以预见，文旅经济与传统文化产业的深度融合将释放出更大的发展潜力。一方面，文旅经济为传统文化提供了更广阔的展示平台；另一方面，传统文化的独特魅力又为文旅经济发展注入了持续动力。这种双向互动的发展模式，既有助于文化遗产的保护和传承，也将推动文化产业实现更加可持续的发展目标。

总之，文旅经济与传统文化产业之间的关系是相辅相成、互促共赢的。在文化与旅游深度融合的大背景下，二者的协同发展不仅开创了文化产业发展的新路径，更为经济社会高质量发展注入了强劲动力。

004　数字化对文旅经济的影响有哪些？

数字化浪潮正在重塑文旅经济的未来图景，为行业发展注入了新的活力。这场技术革新不仅改变了传统运营模式，更为用户带来了前所未有的体验升级。

在个性化服务领域，数字技术展现出了强大的赋能作用。通过大数据和AI算法，旅游平台能够精准洞察用户的兴趣偏好，量身定制专属旅行方案。从个性化的行程规划到贴心的活动推荐，这些细致入微的服务不仅提升了用户体验，也帮助企业实现了精准营销和效率优化。

文化传承在数字化时代迎来了新的机遇。VR、AR等前沿技术让传统文化以更加生动有趣的方式走进人们的生活。游客足不出户就能身临其境地感受文化遗产的魅力，这种突破时空限制的体验方式，让更多人能够近距离接触和了解传统艺术。同时，数字化还为文化传播增添了互动性和趣味性，吸引了大量年轻受众的关注。

在服务创新方面，数字化推动了文旅行业的全面升级。从线上预订到智能导览，从无接触支付到虚拟客服，数字技术的应用让游客的旅程更加便捷高效。众多景区和文化活动通过数字化平台实现了精准营销和客户拓展，不仅提升了运营效率，也为行业打开了全新的市场空间。

在运营管理层面，数字化为企业提供了更科学的决策依据。通过对海量数据的实时分析，文旅企业能够全面掌握游客的行为特征，优化资源配置，提升服务质量。同时，智能化管理手段也大幅降低了人力成本，提高了运营效能，为企业的可持续发展奠定了坚实基础。

总的来说，数字化正在重新定义文旅经济的发展模式和未来方向。它不仅带来了效率的提升和服务的创新，更为行业注入了持续发展的动力，开启了智慧文旅的新篇章。

005 文旅经济与康养、旅居、养老的关系是什么？

文旅经济与康养、旅居、养老之间存在着密切关系，它们在近年来的经济发展中逐渐交织、融合，共同推动了新型文旅经济的兴起。

（一）文旅经济与康养的关系

康养（健康与养生）作为一个新兴的产业，重点关注人们在旅游过程中身心健康的需求。康养产业的核心是通过提供健康管理、养生服务、心理调节等，帮助人们提高生活质量，延缓衰老，提高健康水平。而文旅经济则是文化与旅游资源的经济化利用，两者的关系体现在以下几个方面。

文化养生与健康旅游融合：文旅经济中的许多文化旅游产品和项目，特别是与传统文化、地方特色文化相关的项目，已经逐渐与康养产业结合。例如，温泉、茶文化、瑜伽、冥想等形式的康养服务，越来越多地融入旅游和文化活动，成为健康旅游的热门选择。

自然环境与文化体验：康养产业通常强调在自然环境中的疗愈作用，结合文化元素，如利用传统医学、地方文化和民俗风情等，为游客提供身心的放松与治愈。在这方面，文旅经济的推动作用尤为突出，如文化节庆、传统技艺展示等与康养项目结合的活动，可以使游客在享受文化体验的同时，获得身心的养护。

（二）文旅经济与旅居的关系

旅居是指将旅游与居住结合起来，指人们选择在旅游过程中长时间居住或暂时迁居至某一地方进行生活和工作的方式。它与文旅经济的关系主要表现在以下几个方面。

长住与深度体验：与传统的短期旅游不同，旅居要求人们长期驻留于某个地方，这就要求提供丰富的本地文化和旅游资源，以满足长时间停留的需求。文旅经济通过开发长期住宿、民宿、乡村旅游等项目，为旅居生活提供必要的基础设施，同时融合当地的文化特色和旅游资源，让旅居者能够深入体验当地文化。

文化生活与旅居消费：旅居群体通常寻求更高品质的生活方式，因此文旅经济提供的文化和旅游产品，能够为他们的生活增添色彩，提高生活质量。比如，艺术村、文化小镇、历史遗迹附近的度假区等，都是通过将文化与生活场景结合来吸引旅居人群。

（三）文旅经济与养老的关系

养老产业主要是指为老年人提供生活照料、健康管理、心理慰藉等服务的行业。随着人口老龄化问题的日益严重，养老产业逐渐成为社会关注的重点。文旅经济与养老产业的结合，体现在以下几个方面。

文化养老与老年旅游：现代养老不再仅仅是传统的物质保障和生活照料，越来越多的养老项目开始注重文化生活的丰富性，注重精神层面的养护。文旅经济的投入，使得老年人在享受健康服务的同时，还能够体验丰富的文化活动和旅游资源。比如，文化艺术活动、民俗体验、历史遗迹旅游等，这些不仅能够提升老年人的精神生活，也能帮助他们保持良好的身心状态。

老年人居住与旅游融合：一些养老产业与旅游相结合，形成了以老年人健康为核心的旅游度假村、养老社区等项目。这些项目不仅提供基本的生活照料，还结合文旅经济，通过丰富的文化活动、旅游项目，使老年人在享受生活的同时，提高生活质量。

（四）融合发展

近年来，文旅经济、康养、旅居、养老的融合成为一种趋势，特别是在面对老龄化社会和人们生活方式的转变时。多种产业相互交织，形成了新的经济业态。

康养旅游度假区：许多度假区已经不再单纯提供旅游

或度假服务，而是加入了康养元素，为不同年龄段的人群提供从身心健康、文化体验到养老服务的一站式服务。

养老文化旅游村：一些地方已经开始建设集养老、文化、旅游于一体的复合型产业园区，这些地方既满足老年人的居住需求，又能提供丰富的文化和旅游活动，成为新的文旅经济增长点。

综上所述，文旅经济与康养、旅居、养老的关系密不可分，它们相辅相成，彼此推动，形成了一个相互融合、共生共荣的生态系统。文旅经济不仅为康养、旅居、养老提供了丰富的文化和旅游资源，也为这些产业的创新发展带来了新的机会和活力。随着社会需求的变化，这些领域的融合将成为未来文旅经济发展的重要方向。

006 如何理解文旅经济在推动康养旅居养老发展中的作用？

（一）文旅经济推动康养产业的多元化与创新

康养产业（健康与养生）与文化、旅游的结合，不仅限于传统的医疗和养生服务，更注重文化的融合和身心健康的全面提升。文旅经济在这一过程中起到了以下几个方面的推动作用。

文化与健康的结合：文旅经济通过开发以地方特色文化、传统艺术和手工艺为核心的康养项目，创造出更具地方文化特色的健康旅游产品。比如，结合中国传统医学、养生文化的度假村或健康中心，不仅提供健康疗养服务，还提供中医理疗、太极、气功、冥想等文化体验，帮助游客身心放松和养生。

心灵健康与文化消费：随着人们对健康需求的多元化，文旅经济帮助拓展了健康产业的内容，加入了精神层面的康养服务。例如，一些文化主题的旅游活动，如文学、艺术、历史等内容的深度体验，能够促进人们的心理放松和精神调养，提升康养旅游的综合价值。

（二）文旅经济促进旅居产业的长远发展

旅居作为一种新型的生活方式，强调人们在旅游过程中长期停留和生活，而文旅经济为旅居发展提供了文化和旅游的基础设施，并通过以下方式推动了旅居产业的发展。

文化和自然资源的集成：旅居需求不仅局限于住宿，

更需要融合当地的文化、风俗、自然景观和生活方式。文旅经济通过开发结合文化和旅游资源的长住项目，满足了旅居者对深度文化体验和独特自然环境的需求。例如，在文旅经济的推动下，许多文化村落、艺术小镇、乡村旅游景区等地被开发成为旅居的理想之地，提供融合当地文化的生活空间。

提供个性化、定制化服务：文旅经济通过深度挖掘和整合本地文化及旅游资源，能够为旅居人群提供定制化服务，如文化课程、地方手工艺体验、历史遗迹探访等，使旅居者不仅仅是居住在一个地方，而是能够通过文化体验更好地融入当地生活，提升旅居生活的质量和吸引力。

（三）文旅经济助力养老产业的发展

随着老龄化社会的加剧，养老产业的转型和发展面临着更多挑战，文旅经济为养老产业提供了新的发展方向，推动其走向多元化和高质量发展。

文化养老理念的引入：传统的养老产业以生活照料为主，而文旅经济强调精神层面的丰富性。在养老产业中引入文旅经济，使养老服务不再仅限于日常生活照料，而是更多地融入文化活动和旅游体验。例如，结合地方文化的养老社区、老年旅游度假村、文化疗养院等，通过举办艺术展览、民俗活动、历史讲座等，让老年人享受丰富的精神生活，提高生活质量。

旅游与养老相结合：现代养老逐渐走向“旅游+养老”的模式，尤其是在自然景区、文化古镇等地，养老设施与旅游资源的结合可以提供老年人更加健康和舒适的居住环境。例如，开发结合养生、疗养和文化体验的老年人度假区，让老年人在享受专业照料的同时，能够参与文化旅游活动，提升身心健康。

健康管理与旅游服务的融合：文旅经济通过推广健康旅游的概念，推动了老年人健康管理和旅游体验的结合。比如，很多度假村或养老基地提供包括温泉疗养、瑜伽、冥想等项目在内的康养服务，结合旅游景点的文化特色和自然环境，为老年人提供全方位的身心健康的管理和照料。

（四）文旅经济为康养旅居养老产业带来产业链的延伸

文旅经济的蓬勃发展不仅促进了各个单独产业的发展，也推动了康养、旅居和养老产业之间的产业链条的延伸，形成了一个互为支撑、协同发展的产业生态系统。

产业跨界融合：文旅经济通过与其他产业的融合，推动了新的业态和商业模式的创新。例如，结合智能技术的智慧文旅、康养旅游产品的推广、文化主题的旅游度假村等新型业态的出现，创造了新的市场空间，拓展了产业发展的边界。

产业集群效应的形成：在文旅经济的推动下，康养、旅居和养老产业往往不再是孤立发展的，而是形成了以文化旅游为核心的产业集群。这些集群通常包括文化创意产业、健康管理产业、旅游服务产业等多个领域，形成了互相促进、互为依托的产业链。

（五）文旅经济与政策支持的互动

各国政府在文旅经济的发展中发挥着重要作用，尤其是在推动康养、旅居和养老产业方面，通过出台相关政策提供支持。

政府政策的引导和资金支持：政府通过出台针对文旅经济的政策，如税收优惠、土地政策、文化旅游项目的资金扶持等，推动了康养、旅居和养老产业的发展。特别是在一些老龄化严重的地区，政府往往通过政策引导养老与旅游、文化资源结合，促进地区经济和社会的可持续发展。

总结：文旅经济在推动康养、旅居和养老发展的过程中，起到了从文化资源的整合到旅游体验的创新，再到产业链条的延伸等多方面的关键作用。它通过融合地方文化、健康理念和旅游资源，不仅提升了相关产业的吸引力和经济效益，还推动了社会的老龄化适应、健康生活方式的普及及文化的多元化消费。随着文旅经济的不断发展，这些产业将继续在融合与创新中实现协同发展，形成更具活力和竞争力的新型经济形态。

007 目前国内哪些地区在康养旅居养老方面发展较为成熟?

在“健康中国”战略背景下，康养、旅居和养老服务正成为新时代的重要发展方向。一些地区凭借独特的资源优势和政策支持，在这一领域走在发展前沿，并取得了显著成效。这些地区的成功经验为全国范围内推动康旅融合发展提供了有益借鉴。

海南省无疑是康养旅居养老的典范。得天独厚的自然环境和温暖宜人的气候，使海南成为中老年人理想的养老目的地。“候鸟式”旅居模式在海南已相当成熟：众多养老机构不仅提供舒适的居住环境，更将温泉、海滩、热带雨林等特色资源融入养老服务之中。得益于“海南自由贸易港”政策红利，境外人士在这里享受更多便利条件，吸引了大量国际资本投入养老产业。

云南凭借独特的高原气候和民族文化，在康养旅居领域同样表现突出。在昆明、大理、丽江等地，旅居养老项目巧妙结合当地文化特色与生态优势，为长者提供全方位的个性化服务。“康养旅游”已发展成为集疗养康复、养生保健、文化体验于一体的综合性产业链。

江西在康养产业发展方面也取得显著的进展。庐山、井冈山等风景名胜区不仅具有极高的旅游价值，更是理想的康养场所。当地充分挖掘生态资源和文化底蕴，推动健康养老与文化旅游深度融合，打造出一批特色鲜明的康养项目。“康养+文旅”模式为区域经济转型升级注入新活力。

江浙地区则展现了另一种发展路径。以上海、苏州为代表的城市群，依托发达的经济基础和完善的城市配套，在康养旅居领域实现突破性发展。这些地方已建成一批集医疗护理、文化娱乐、休闲养生等功能于一体的综合性项目，成为城市养老的新选择。

从这些地方的成功经验可以看出，康旅融合发展的关键在于：既要发挥自然环境的独特优势，又要加强政策支持和产业引导；既要在硬件设施上加大投入，更要在服务创新上下功夫。未来，随着居民健康意识提升和消费需求升级，康养旅居养老必将迎来更加广阔的发展前景。

008　文旅经济如何助力养老产业实现多元化发展？

文旅经济为养老产业注入了新的活力和资源支持，推动其朝着多元化方向发展。通过将文化、旅游与养老服务有机融合，不仅提升了传统养老模式的服务内涵，也为老年人打开了更广阔的生活空间。

以旅行为纽带，养老产业正在向健康养老和旅居养老转型。这种创新模式既满足了老年人对高品质生活的追求，又拓宽了养老服务体系的发展路径。如今的养老项目纷纷选址在风景秀丽的自然景区或底蕴深厚的文旅胜地，在为老人提供基础生活保障的同时，还配备了温泉康养、文化体验等特色服务，让老有所养有了更丰富的内涵。

文化的深度融入，则为养老产业注入了精神价值。许多老年人对传统艺术、民俗风情怀有浓厚兴趣。通过将这些文化元素融入养老服务，不仅丰富了养老产品的内容体系，也增强了老年群体的文化认同感和生活幸福感。从参观博物馆到参与民间艺术表演，从体验非遗技艺到感受传统节庆，文旅融合为老年人创造了更多精神享受的可能。

政策东风也为文旅康养按下快进键。各地政府对文旅康养项目的扶持力度不断加大，带动了养老产业的投资热潮。同时，随着老龄化程度的加深，市场对健康养生、休闲娱乐和文化体验的需求日益增长，文旅经济的蓬勃发展正在为养老产业开辟新的蓝海市场。

通过多元化的产品供给和服务创新，文旅经济不仅推动了养老产业的转型升级，更为老年人创造了更高质量的生活场景，让老有所养、老有所乐有了更多可能。

009 文旅经济视角下，康养旅居养老的市场潜力有多大？

在文旅经济的视角下，康养、旅居和养老产业具有巨大的市场潜力，特别是在全球老龄化、消费者生活水平提升和政策支持的背景下。这些产业不仅直接关系到人们的健康与生活质量，还涉及旅游、文化和居住等多个领域的深度融合，形成了一个多元化的市场。以下是从几个角度分析文旅经济如何推动康养、旅居和养老市场的潜力。

（一）人口老龄化推动市场需求

全球人口老龄化趋势日益严重，尤其是在中国、欧洲和日本等国家和地区，老龄人口比例逐年增加。根据联合国的数据，预计到2050年，全球60岁及以上的人口将达到20亿，占总人口的比例将超过20%。这一人口结构变化导致了对康养、旅居和养老的需求显著上升。

康养市场：随着人们对健康的重视，特别是中老年群体对健康管理的需求，康养产业得到了极大的市场空间。

温泉、冥想、瑜伽等康养项目的兴起，吸引了大量游客参与，成为文旅经济的重要组成部分。

养老市场：老龄化使得养老服务成为全球关注的重点。尤其是在中国，随着二孩政策的放开和人口老龄化的加速，养老产业的需求急剧增加。结合文化和旅游资源的养老度假村、健康养老社区等新型养老模式的兴起，推动了相关市场的蓬勃发展。

（二）消费升级与生活方式的变化

随着收入水平的提高和生活质量要求的变化，消费者对健康、养生以及精神层面的需求逐步增长，文旅经济通过提供文化与旅游资源的融合，为消费者提供全方位的体验。

健康与文化的融合：消费者不再满足于单纯的休闲旅游，而是追求具有文化内涵和健康益处的旅游产品。例如，结合中国传统文化的康养项目，如中医理疗、太极、气功等，逐渐成为健康旅游的热点。文旅经济通过创新和文化的整合，满足了高端市场对健康和文化双重需求的消费趋势。

高端康养市场的崛起：越来越多的高端消费者群体开始寻求定制化的康养和健康管理服务。文旅经济为这一市场提供了多样化的服务选择，如健康度假村、疗养中心、文化疗养等，为高端消费者提供更具个性化的体验。

（三）文旅经济与旅居市场的深度融合

旅居作为一种新的生活方式，强调的是长期居住和深度文化体验，文旅经济为这一市场的拓展提供了丰富的资源。

长住型旅游地产：现代人对旅游的需求已经从短期的休闲度假转变为更长时间的生活体验。文旅经济通过在文化景区、自然风景区等地开发长住型旅游地产，为旅居市场提供了更多选择。例如，一些结合本地文化的艺术小镇、乡村度假村等地，为旅居消费者提供了丰富的文化和旅游体验。

定制化旅居服务：文旅经济为旅居市场提供了更多的个性化、定制化服务，如私人定制的文化旅游线路、深度的历史遗迹探索、地方特色手工艺体验等，满足了消费者对个性化生活方式的需求。

（四）政府政策支持与市场环境

各国政府对文旅经济的重视及相关政策的支持，为康养、旅居和养老产业的发展提供了良好的市场环境。政策推动：许多国家特别是中国，出台了促进文旅产业与康养、旅居、养老产业融合的政策。政府通过税收优惠、土地资源支持等方式，推动了相关产业的开发和建设。例如，中国提出的“健康中国”战略以及养老产业政策的扶持，推动了文旅经济与养老产业的融合发展。

（五）技术创新助力市场发展

技术的进步为康养、旅居和养老产业带来了更多创新机会。智能化服务：例如，智能家居系统、人工智能健康管理等技术的应用，使康养和养老产业提供了更加便捷和高效的服务。同时，数字平台的兴起也推动了旅居市场的在线预订和个性化服务，提升了市场的服务效率和体验质量。

总体而言，文旅经济在推动康养、旅居和养老市场发展中的作用至关重要。随着全球老龄化问题的加剧、消费者需求的提升、政策支持的加强以及技术创新的推动，这些产业的市场潜力将持续增长。文旅经济为康养、旅居和养老产业的融合创新提供了很大的动力，助力这些产业向多元化、高端化发展，推动了社会经济的转型升级，也为投资者和从业者创造了广阔的市场空间。

010　如何通过文旅经济推动康养旅居养老的可持续发展？

文化旅游经济与医疗养老旅游的融合，为实现可持续发展提供了新的思路和可行方法。这一模式不仅能够满足老年人对健康生活、文化体验和社会交流的需求，还能促进经济结构的优化和社会价值的提升。但要实现这一点，需要资源整合、服务创新、环境保护、政策支持等不同角度的合作。

资源整合是保证文化旅游康养项目成功的最关键因素。通过优质文化旅游资源与老年人需求的融合，可以打造创新的康养旅游产品。例如，在风景优美的自然景区融入养老服务功能，让老年人在绿水青山下安度晚年；在老旧历史文化街区构建适老化居住环境，既保护了传统建筑的文化魅力，又满足了老年人对便捷生活的追求。此外，还可以利用废弃的度假酒店、温泉度假村等空间，将其改造成多功能的康养中心。这种资源组合不仅可以提高现有资源的利用率，还可以为地方经济发展注入新的动能。

从服务创新的角度看，文化旅游经济可以为医疗养老增添更丰富的内容和更有效的服务方式。传统养老服务更注重基本的生活照护和健康照护，而文化旅游养老模式则更注重老年人的精神文化需求和社会交往需求。例如，可以在养老社区开设文化课程、艺术体验课程、健康养生课程等特色课程，让老年人找到自我价值，保持积极乐观的状态。同时，还可以通过远程智能设备和数字化平台为老年人提供更精准的健康管理服务，包括健康信息智能追踪、在线问诊等。此外，文化旅游养老项目还可以建立社交平台，让老年人相互接触、交流，营造温馨和谐的社区氛围。环境保护是文化旅游养老可持续发展的基础保障。在建设规划中，要坚持绿色发展理念，注意生态环境保护与人文关怀的协调。如在项目选址时，优先选择自然环境改善、生态资源丰富的地区；在建筑施工中采用节能环保材料，营造绿色低碳的生活环境；在运营中推广使用清洁能源，实行循环经济模式。这样不仅可以保证老年人的居住场所健康舒适，还可以优化当地生态环境，促进当地的经济发展。

政府的支持政策是实施文化旅游和医疗养老项目的关键。一方面是通过落实土地政策、税收优惠等，引入社会资本参与养老产业发展；另一方面推动行业标准建设，规范服务流程，提高服务质量。同时，还要注意区域协调发展，在有条件的地区规划建设一批文化旅游和康养示范项目，形成可复制、可推广的经验模式。

通过资源整合、服务创新、环境保护、政策支持等多维度的协同推进，文化旅游经济可以为康养、旅游、养老等可持续发展提供坚实的保障，不仅能推动老年人日益增长的生活改善需求，而且能实现经济增长、社会发展和生态环境保护的良性互动，实现经济利益、社会效益和生态效益的全面共赢。

在具体实践中，尤其要注重以下几点：一是要突出项目的专业化运作，引进经验丰富的管理团队和专业人员；二是要加大宣传推广力度，提高老年人的认知度和接受度。

011　文旅经济的可持续发展需要哪些条件？

文旅经济的可持续发展是一项系统工程，需要多维度的支撑与协同推进。无论是资源管理、政策引导，还是技术应用和社会参与，每一个环节都至关重要。

在资源利用方面，保护与发展必须齐头并进。文化资源和自然景观是文旅经济的根基，但过度开发只会寅吃卯粮。需要秉持生态文明的理念，在保护中发展，在发展中传承。只有尊重自然规律，善待文化遗产，才能确保这些宝贵资源能够永续利用，为子孙后代留下绿水青山与精神财富。

政府在文旅经济发展中的角色同样关键。科学的政策设计和合理的规划布局是引导产业健康发展的指南针。通过完善法规体系、加大资金扶持、优化营商环境，可以为文旅产业发展提供坚实的保障。同时，合理配置资源，避免“千篇一律”的发展模式，才能让各地特色文旅资源得到充分挖掘和利用。

在这个数字化时代，技术创新成为推动文旅产业升级的关键引擎。智慧旅游、数字文化、虚拟现实等新技术的广泛应用，不仅提升了游客体验，也大大提高了产业运行效率。通过技术赋能，能够更好地平衡经济效益与环境保护的关系，为文旅经济注入更多的活力。

文旅经济的可持续发展是一场多方共建的事业。从政府到企业，从社区居民到每一位游客，每个人都是参与者、受益者，也是责任承担者。培养公众的环保意识和文化自觉，引导企业根据市场需求不断创新服务模式，才能让文旅产业走得更远、更稳。

由此可见，文旅经济的可持续发展是一项系统工程，需要社会各界携手同行，在保护中求发展，在创新中谋突破，最终实现经济效益、社会效益与环境效益的有机统一。

012 文旅经济与地方文化保护之间的平衡如何实现？

文旅经济与地方文化保护之间的平衡是一个复杂的课题，尤其是在全球化和商业化的背景下，如何在推动文旅经济发展的同时，确保地方文化的保护和传承，已成为许多地区面临的重要问题。实现这一平衡需要从以下几个方面着手：

（一）明确文化保护的价值与重要性

地方文化保护的首要任务是确保其独特性、传承性和多样性。文化不仅是一个地区的历史和传统的体现，也是当地居民身份和社会认同的核心。文旅经济在促进地方经济发展的同时，必须尊重文化的独特性，避免文化资源的过度开发和过度商业化。为此，政府、文化部门以及文旅企业须共同认识到，文化保护的意义在于保存文化的根脉，而不是单纯地利用文化资源谋取经济利益。

（二）制定科学的文旅产业规划

实现文旅经济与地方文化保护的平衡，需要通过科学合理的规划来进行。在文旅产业的规划过程中，应充分考虑当地的文化背景和文化资源的可持续性利用。例如，地方政府可以制定文化遗产保护法、文物保护法等，通过法律法规确保文化资源不被破坏，同时通过合理的产业规划引导文旅企业进行文化项目的开发。规划应当明确保护范围，设立专门的保护区或文化产业园区，避免过度开发。

（三）加强文化遗产的保护与合理利用

在推动文旅产业发展的过程中，文化遗产的保护至关重要。文化遗产不仅仅是旅游的卖点，更是文化传承的载体。因此，地方文化遗产的保护应该是文旅开发的前提。可以通过以下几个方式实现保护与利用的平衡：

合理开发文化遗产：对文化遗产的开发要遵循“保护

为主、合理利用”的原则。可以通过设立文化遗产保护区，合理规划旅游路线，使游客在不破坏文化遗产的前提下，深入了解和体验文化的魅力。

文化创意产品的开发：将文化遗产转化为文化创意产品，如地方特色手工艺品、民间艺术表演等，既能让游客体验地方文化，又能避免对文化遗产的过度干扰。

（四）促进地方文化的多元化展示

文旅经济可以通过多元化的方式展示地方文化，避免单一文化的过度商业化。可以通过文化节庆、艺术展览、民俗表演等多种形式，丰富游客的文化体验，同时加强对地方文化内涵的传播。例如，地方特色的节庆活动可以成为吸引游客的亮点，但活动内容和形式应贴近传统文化，避免过度现代化或娱乐化。

（五）增强社区参与和文化认同

地方文化的保护需要当地社区的参与和认同。文旅经济的开发不应仅是外部资本的介入，还应当通过加强社区的参与，使当地居民成为文化保护和旅游发展的主力军。可以通过提供文化教育和培训，增强社区居民对文化传承的意识，同时为他们提供文化旅游相关的就业机会，使他们成为文化保护和发展的积极推动者。

（六）实施绿色旅游与可持续发展战略

绿色旅游和可持续发展理念有助于减少文旅产业对地方文化和环境的负面影响。通过倡导低碳旅游、生态旅游等绿色方式，可以降低大规模旅游带来的环境污染和文化资源的过度消耗。此外，文旅企业也可以通过与当地文化和生态环境的和谐共生来实现可持续的旅游开发。例如，在景区建设中优先考虑生态环保材料，避免对自然景观的破坏，同时保护当地传统文化的展示方式。

总结

文旅经济与地方文化保护的平衡，要求在推动经济增长的同时，不忽视文化遗产的价值和保护。通过科学规划、合理开发、多元展示、社区参与以及绿色旅游等方式，可以实现文化的传承与旅游产业的繁荣共赢。未来，文旅经济的发展将更加注重可持续性，在保护中发展，在发展中保护，从而为地方文化的传承奠定更为坚实的基础。

第二章

文旅产业的组成与发展

013　文化产业和旅游产业如何互相融合？

文化产业与旅游业深度融合已成为推动文旅经济高质量发展的重要方向。跨界融合不仅能够提升游客体验的文化内涵，还能为文化传承提供新的渠道，产生“1+1>2”的效应。

文化产业通过文化与旅游的融合，为旅游业带来了独特的风采和特色。旅游景点通过挖掘当地的历史古迹、民俗等地方文化资源，形成独特的人文景观，游客在欣赏自然风光的同时，也深刻了解了当地的文化遗产。以各地的博物馆为例，它们不仅成为游客的打卡点，更是传播当地文化的窗口，游客在参观的同时，也能感受到历史的厚重。

与此同时，旅游业也为文化遗产提供了广阔的展示平台和市场空间，通过举办当地特色节庆、艺术节等文化旅游活动，更好地弘扬和传承传统文化。传统手工艺、民间艺术表演等形式在旅游市场的推动下重新焕发生机，不仅丰富了旅游资源，也推动了文化的传承。

在文旅融合实践方面，大部分地区不失创新精神，发展多元化的文化旅游产品，文化主题公园、非物质文化遗产体验线路、文化创意产品等新模式层出不穷，在扩大游客文化体验的同时，也为当地经济发展带来新的动力。特别是在“互联网+”时代背景下，虚拟现实技术与文旅产业的结合，让游客更真切地感受到文化之美。

这种跨界的深度融合，在经济和社会方面都具有巨大的优势。一方面，文化资源得到了有效利用，避免了简单复制和同质化竞争；另一方面，旅游产品实现了从单一的观光到深度体验的转型升级，为整个行业提供了更多的价值。文化与旅游融合不仅催生出新的经济增长点，也为当地经济发展开辟了新的通道。

这种深度融合的文化旅游模式正在不断产生新的发展空间，具有强大的生命力和发展潜力。随着人类日益增长的文化需求，文化与旅游融合无疑将在传承文明、提升体验、促进发展等方面发挥越来越重要的作用。

014 文化旅游的定义与类型有哪些?

文化旅游是文化体验旅游，注重当地居民文化艺术和民俗风情的精神性，通过参与式的文化体验和学习，满足人们了解历史文化的愿望，为文化遗产的保护、传承和发展开辟新路子。

从类型上看，文化旅游大致可分为四类：

一是遗产旅游，一般以具有重大历史价值的文化景观为重点，如古遗址、历史建筑、博物馆、世界文化遗产等，游客在这些地方不仅感受到历史的气息，还能自然而然地了解不同文明的发展背景，获取知识，获得心灵的启迪。

二是节庆旅游，以传统节庆为载体，通过举办丰富多彩的文化表演，引导游客参与活动。各地传统节庆文化成为这一类型的重点：北方的春节庙会热闹非凡，南方的舞龙舞狮精彩纷呈，民族地区的舞蹈、歌谣更是令人神往。

三是体验式文化旅游，特别注重游客的个体体验和情感联结。在真实的手工艺课程中，游客可以亲手制作陶瓷、刺绣等手工艺品；在民间艺术课程中，人们可以学习当地的音乐和舞蹈。让游客沉浸其中，对传统文化的感悟会更加深刻。

四是文化创意旅游，将传统文脉与现代创意完美融合。从艺术展览、文化创意产业园、创意文化产品展览中，人们可以在现代环境中感受到传统文化的独特魅力。各地的城市规划、建筑设计中融入了地方文化因素，营造了独特的文化旅游环境。

这些不同的文化旅游方式，不仅满足了游客对文化的深厚热爱，更重要的是让文化的传承与创新真正融入旅游之中，这种愉快的学习方式让更多的人走近和热爱自己的文化遗产，成为文化与旅游共同发展的典范。

015 生态旅游如何成为文旅产业的一部分？

生态旅游作为一种绿色发展理念，已成为文化旅游产业的重要组成部分。生态旅游倡导一种与自然和谐相处的旅游方式，让游客在欣赏自然风光的同时，感受到维护和保护生态环境的责任感。这种低影响的旅游模式除了减少人类活动对自然环境的影响外，还能让更多的游客享受到自然风光的原汁原味。

生态旅游的发展空间不断扩大，特别是在自然条件独特、文化遗产珍贵的地区。这些地区将自然风光与地域文化特色融为一体，让游客体验到多层次的文化。在欣赏自然风光的同时，人们可以参与当地的生态传统活动，了解民俗文化，欣赏人与自然和谐相处的精致意境。

对于偏远地区来说，生态旅游不仅带来了经济收入，还促进了社会的健康发展。通过发展有机农业、生态住宿、低碳交通等绿色产业活动，当地社区实现了经济转型。更为重要的是，这种发展方式提高了居民的环保意识，使他们成为生态保护的积极参与者。

政策支持是生态旅游发展的重要推动力。政府在资金投入、税收减免等方面为绿色旅游项目提供了强有力的保障，并在自然保护区和文化遗产地之间实现了保护与开发的最佳平衡。这些政策不仅为生态旅游创造了良好的发展环境，也为生态旅游未来的稳步发展奠定了坚实的基础。

总之，生态旅游通过传播环保理念、融入当地文化、促进当地经济可持续发展、获得政策支持等，融入文化旅游市场中，成为推动绿色发展的一股强大力量。它不仅让人类亲近自然，也让地球家园变得更加美丽。

016 文化遗产保护如何影响文旅经济？

作为人类文明的见证，文化历史遗产是文化旅游产业的重要组成部分，是接待游客的重要资源，也是促进当地经济发展、传承文化、创新发展的重要力量。

历史遗迹、古建筑、非物质文化遗产具有独特的历史价值和艺术价值，成为文化旅游产业发展的宝贵资源。这些文化遗产不仅是供人们观赏的景点，更是具有深厚文化内涵的精神符号。游客在游览这些文化遗产的过程中，不仅能感受到历史的厚重，还能深入了解当地的文化传统和社会变迁，使旅游活动更加丰富和深入。

文化遗产保护与旅游发展的有机结合，给区域经济带来了新的活力。科学合理的规划管理，使文化遗产资源得到有效利用，吸引了大批游客前来旅游，同时，特色民宿、餐饮服务、手工艺等相关产业也得到了快速发展。这些产业不仅带动了就业，也促进了当地经济结构的升级和优化，尤其是以文化为主题的旅游产品和服务，在市场上具有特殊的竞争力。

在文化传承与创新方面，文化旅游经济发挥着重要作用。通过传统文化与现代旅游的融合，许多濒临灭绝的文化技艺得以传承。例如，一些城市举办文化节、非物质文化遗产体验活动，让游客感受传统文化之美。这种模式不仅保护了文化遗产，也促进了文化产业的创新发展。

此外，文化遗产的保护也促进了自然和社会的可持续发展。在开发过程中，科学的规划和管理至关重要。合理利用自然环境和历史遗迹，可以避免过度开发造成文化遗产的破坏。同时，参与平台的搭建也使当地居民成为保护和传承文化的积极力量。这种多方合作的发展模式，除了做好文化遗产的保护外，也为文化旅游经济的可持续发展提供了保障。

概括而言，文化遗产保护在文化旅游经济发展中呈现多元化，不仅为旅游的运作提供丰富的资源和内涵，更能成为推动区域经济高质量发展的强大力量，带动地方经济发展，推动文化创新传承，实现社会与生态的可持续发展。在未来的发展中，更应注意保护与利用关系的平衡，这也是文化遗产保护的必由之路。

017　文化创意产业与文旅经济的关系是什么？

文化创意产业与文旅经济的互补关系，正在深刻改变文化产业与旅游业的发展格局。二者的有机融合，不仅激发了文化创新的活力，也为旅游体验注入了更深层次的文化内涵，成为推动地方经济高质量发展的重要动力。

文化创意产业为文旅经济注入了源源不断的发展创新动力。通过现代与传统的碰撞与融合，文化资源通过创意设计、技术创新、商业模式升级焕发出新的活力。从传统戏剧的新演绎到先锋的非遗手工艺设计，从典型文创产品建设到文化主题公园建设，这些融合传统文化、符合现代审美要求的产品和服务，不仅满足了游客日益增长的精神文化需求，也让典型地方文化散发出新的市场吸引力。

文旅经济为文化创意产业提供了广阔的市场空间和实践平台。旅游是文化传播的天然载体，通过旅游，创意产品可以突破地域限制，实现规模化的价值转化。无论是景区的文创小店，还是博物馆的艺术品展览，或是其他文化节庆活动，都成为文创展示的绝佳平台。这种沉浸式文化体验景观的形成，不仅让游客获得丰富的情感共鸣，也为文创产业发展开辟了一条新路径。

在这个相互赋能的过程中，文化创新与传承得到了前所未有的实践与重视。虚拟现实技术、增强现实应用等新技术让传统文化以更加生动逼真的方式被观看与分享。比如利用AR技术在历史遗迹中重现古时场景，或利用虚拟手法展现古老工艺之美，不仅加深了游客的参与感与感受感，也让文化内涵在当代得到更广泛的传播。

这种高度融合的发展模式，形成了文化创意与游客体验的良性循环。一方面，文化创意为文化旅游产品增添新的魅力；另一方面，文化旅游需求又推动文化创意不断创新。两者相辅相成，构成了文化传播、创意转化、价值实现的完整链条，不仅促进了地方经济发展，也为文化传承提供了新的契机。

这种协同发展的状态正在重塑文化产业与旅游产业的格局。文化创意与旅游体验的深度融合，不仅可以更好地捍卫文化根基，也让传统文化在新时代焕发出更加耀眼的光芒。

018 文化产品的生产、传播与消费如何推动文旅经济？

文化产品的生产、传播与消费在文旅经济中的作用至关重要，它们不仅推动了文化产业的发展，还促进了旅游业和地方经济的增长。通过文化产品的不断创新和传播，文旅经济得以形成多层次、多维度的发展格局。具体来说，文化产品的生产、传播与消费如何推动文旅经济，可以从以下几个方面进行分析：

（一）文化产品的生产与文旅经济的融合

文化产品的生产是文旅经济的核心。通过创作和生产具有地方特色的文化产品，文化产业能够与旅游产业深度融合，形成独特的文化旅游产品。例如，地方传统手工艺品、民俗文化演出、历史遗址的文化展示等，都是文化产品生产的具体表现。这些文化产品不仅满足了游客的文化需求，也增加了旅游的附加值。

地方文化的挖掘与创意产业的结合：文旅经济通过对

地方特色文化资源的挖掘，将传统文化与现代创意产业相结合，创造出多样化的文化产品。例如，结合当地历史背景和民间艺术制作的纪念品、地域特色的美食文化等，成为吸引游客的重要因素。

文化旅游项目的创新：文旅经济通过文化产品的多样化，推动了文化旅游项目的创新。例如，融合传统节庆活动与现代娱乐形式的文化体验项目，提升了旅游的吸引力和文化价值。

（二）文化产品的传播与市场拓展

文化产品的传播使得文旅经济的影响力得以扩展。随着信息技术的进步，文化产品能够通过多种渠道迅速传播，吸引国内外游客和消费者的关注。尤其是数字化技术的发展，文化产品的传播方式更加多元化，覆盖面更广，极大提升了文化产业的全球影响力。

数字化与网络传播：通过互联网平台、社交媒体等渠道，文化产品的传播不再局限于地域范围，全球消费者都能轻松接触到各地的文化特色。例如，通过短视频平台传播的地方文化节庆、传统艺术表演等，吸引了大量游客和文化爱好者的参与，促进了地方经济的增长。

国际化与文化输出：文化产品的传播有助于提升一个地区的国际知名度，推动文化的跨境交流。例如，中国的丝绸之路文化、法国的葡萄酒文化等通过旅游和文化产品的传播，成为世界各国游客的文化旅游目的地，促进了文化产品的消费和当地旅游经济的繁荣。

（三）文化产品的消费与文旅经济的驱动

文化产品的消费是文旅经济发展的直接动力之一。随着人们消费需求的多样化和个性化，文化产品逐渐成为游客选择旅游目的地的重要因素。文化产品的消费不仅促进了文化产业的增长，也推动了与旅游相关的服务业的发展。

文化消费提升旅游附加值：文化产品的消费增加了旅游的附加值，使得游客的消费体验更加丰富。例如，游客在文化旅游中不仅参与景点观光，还能通过参与文化活动、购买当地特产等方式，深度体验当地的文化特色，提升旅游体验的质量和文化价值。

文化产品消费带动相关产业发展：文化产品的消费还促进了与其相关的产业发展，如餐饮、住宿、交通、演艺等服务业。一个具有强大文化特色的旅游地，通常会吸引更多游客，带动当地经济的整体增长。例如，文艺演出、文化展览等文化活动的举办，不仅吸引了游客，还带动了周边服务业的繁荣。

（四）文化产品与可持续发展

文化产品的生产、传播与消费还能够推动文旅经济的可持续发展。通过注重文化遗产的保护与创新性开发，可以避免过度商业化所带来的资源浪费，同时保持文化旅游的独特性和吸引力。文旅经济通过持续创新和文化产品的开发，使传统文化得以传承并适应现代消费需求，实现了文化产业和旅游业的可持续发展。

文化遗产保护与创新：在文化产品的生产过程中，通过创新性地将传统文化与现代元素结合，可以有效保护和传承文化遗产。例如，传统戏剧的现代演绎、地方特色美食的创新等，既能保持传统文化的精髓，又能吸引现代消费者的兴趣。

总体而言，文化产品的生产、传播与消费是推动文旅经济的核心动力。通过创新的文化产品生产、广泛的传播渠道和多样化的消费方式，文旅经济能够实现文化产业与旅游产业的深度融合，推动地方经济增长，提升全球文化交流与产业影响力。在这一过程中，文旅经济不仅推动了文化产业的发展，也促进了相关产业的协调发展，实现了经济、文化与社会的多方共赢。

019　旅游景区如何与当地文化结合进行开发？

旅游景区与当地文化的结合是文旅经济发展的关键，它不仅能提升旅游景区的吸引力和独特性，还能促进当地文化的传承和地方经济的发展。通过深入挖掘和创新性地结合当地文化资源，旅游景区能够打造出具有地方特色的旅游产品，吸引更多游客，提升旅游产业的附加值。具体来说，旅游景区如何与当地文化结合进行开发，可以从以下几个方面进行分析：

（一）深入挖掘和展示地方文化资源

每个地区都有其独特的历史、民俗、艺术和传统，这些文化资源是旅游景区开发的基础。景区开发者应该对当地的历史文化进行深入挖掘，识别出具有特色的文化元素，将其融入景区的设计与运营中。例如，历史文化遗址、民间故事、传统手工艺等，都可以成为吸引游客的文化亮点。

历史文化遗址的开发：通过对历史遗迹的保护和展示，游客不仅能体验到当地的历史氛围，还能更好地了解该地区的文化背景。例如，结合博物馆、遗址公园等方式，将历史文化与旅游景区融合，打造出具有深度文化内涵的旅游产品。

民间艺术和传统手工艺的展示：通过开设手工艺作坊、文化体验中心等，让游客亲身参与到地方传统艺术和手工艺的制作过程中，不仅能提高游客的参与感，还能传承和发扬地方文化。

（二）文化活动和节庆的策划

文化活动和节庆是旅游景区与当地文化结合的重要形式。通过策划具有地方特色的文化活动和节庆，不仅能够吸引游客的参与，还能增进游客对当地文化的认同感和兴趣。节庆活动通常能够吸引大量游客，特别是当地方文化与旅游相结合时，节庆活动的影响力会进一步扩大。

地方特色节庆：如中国的庙会、音乐节、民族舞蹈表演等，通过节庆活动展示地方文化的独特魅力，让游客通过参与和观赏这些活动，深刻体验到当地的民俗风情。

文化表演与展示：定期举办与地方文化相关的表演，

如传统舞蹈、戏曲、民乐演奏等，能够让游客在娱乐中感受传统文化的精髓。同时，这些活动也能带动当地的文化创意产业和演艺市场的发展。

（三）文化旅游产品的创新与开发

结合当地文化特色开发具有创新性的文化旅游产品，是推动景区文化发展的关键。传统的旅游产品往往局限于观光和休闲，而文化旅游产品则可以将当地文化融入旅游体验的各个环节，提供多层次的文化体验。

文化主题旅游路线：根据当地的文化特色，设计具有文化深度的旅游线路。例如，某些地区可以根据历史遗迹和传统文化形成一条“文化遗产之旅”或“民俗体验之旅”，让游客在旅游过程中深入了解当地的文化底蕴。

文化体验项目的设计：通过参与性的文化体验活动，如烹饪课程、传统舞蹈学习、陶艺制作等，游客不仅能游览景区，还能亲身体验当地文化的独特魅力。

（四）文化与景区建筑、环境的融合

景区的建筑风格和环境设计直接影响游客的文化体验。通过将当地的文化元素融入景区的建筑和景观设计中，可以提升景区的文化氛围，让游客从视觉、听觉、触觉等多个方面感受到浓厚的地方文化。

地方文化元素的建筑设计：结合当地的建筑风格、传统装饰艺术等，设计具有地方特色的景区建筑，使游客在进入景区的一刻便感受到浓郁的文化氛围。

环境与文化的有机融合：通过景区内的文化景观设计，例如设置具有象征意义的雕塑、文化墙等，展示地方历史或文化特色，增强游客的沉浸感和文化认同。

（五）文化与旅游业的深度融合发展

旅游景区的开发不应仅限于传统的观光功能，还应注重将文化产业与旅游业的深度融合。通过多方合作，可以推动文旅融合项目的建设，实现资源共享、优势互补。

政府与企业的合作：地方政府应通过政策支持、资金扶持等措施，推动文旅融合项目的建设，而企业则应通过文化创意、品牌策划等手段，提升文化旅游产品的市场竞争力。

文化旅游品牌的打造：通过地方文化特色的深度挖掘，打造独特的文化旅游品牌，提升景区的知名度和市场影响力，吸引更多游客和投资者的关注。

结论：旅游景区与当地文化的结合开发，不仅能够提升旅游产品的文化价值和市场竞争力，还能促进地方文化的传承和创新。通过对文化资源的深度挖掘、节庆活动的策划、文化旅游产品的创新以及建筑与环境的文化融合，景区能够为游客提供更加丰富和有意义的旅游体验，推动文旅经济的可持续发展。

020 文化主题公园如何成为文旅产业的重要组成部分？

随着旅游业的兴旺，文化主题公园作为文化旅游的新业态，正以独特的方式重构人们对于文化和旅游的观念与体验。它不仅是一个娱乐公园，更是连接过去与未来的门户，是传统文化重现的艺术天地。

（一）文化主题公园：传统与现代的平衡

走进文化公园，就是走进一扇时空文化之窗。这里不再是冷冰冰的历史陈列柜，不再是枯燥乏味的文字介绍，而是通过贴心的主题景观和互动体验，将文化元素巧妙地融入娱乐设施中。孩子们可以乘坐“时空列车”饱览古丝绸之路的壮丽风光，大人们则可以通过参与式工具，体验古代工艺的精湛技艺。

这种革命性的设计理念，不再让文化成为一种高高在上的展示品，而是一种触手可及的生活体验。无论是宏伟历史场景的重现，还是艺术细节的细致呈现，都让人感受到文化的美与温度。在这里，每一处陈列、每一处风景都有着自己的故事，人们在游览中自然而然地体验到文化的沉浸感。

（二）技术支撑：文化体验先锋

新技术的到来为文化主题公园注入了新的力量。游客可以通过虚拟现实技术，站在古战场、故宫大殿上，感受历史的厚重与文化的魅力；在增强现实设备的辅助下，原本静止的艺术杰作也将“活”过来，呈现在游客眼前，带来一场令人叹为观止的视觉盛宴。

这些新技术设备不仅提升了游玩的趣味性，更重要的是让文化传播更加生动、有效。在“数字敦煌”，人们可以通过高科技手段近距离观赏莫高窟壁画，感受千年文明的璀璨光芒；在《清明上河图》的数字修复展示中，一幅幅静止的画作被赋予了生命的韵律，让人仿佛置身于北宋繁华的汴京街头。

（三）经济效益：文化旅游融合发展的新动力

文化主题公园的成功运营不仅带来了丰厚的经济效益，还带动了周边相关产业的蓬勃发展。数据显示，一个大型文化主题公园建成后3～5年，周边商业产值平均增长30%以上，各类配套服务设施如雨后春笋般涌现，形成了可持续的产业链。

此外，这种发展模式还为区域经济注入了新的活力，通过举办特色文化节，不仅提升了区域的知名度，还创造了大量的就业机会。不少老手艺人和文化传承人也获得了新的发展机遇，在景区设立工作室或体验馆，让传统文化在新时代重新焕发活力。

（四）未来展望：文化与旅游融合无限可能

随着人类精神文化需求的不断演进，文化主题公园的发展空间将更加广阔。随着科技的进步和文化创意的不断涌现，未来的文化主题公园将呈现更加多元化的发展趋势。一方面，将出现更多具有地方特色的文化主题公园；另一方面，国际合作也将进一步加强，打造更具全球影响力的文化旅游品牌。

在这个充满艺术气息、生机勃勃的国度，文化不是遥不可及的遥远，而是近在咫尺的美好体验。文化主题公园通过不断创新、全面发展，必将在文旅领域发挥更大作用，为人类创造更多美好的文化记忆。

021　文化与娱乐产业如何协同发展？

（一）文化与娱乐产业的协同发展：携手共创多元价值

在这个快速发展的时代，文化与娱乐产业的协同效应正日益凸显。两者的深度融合不仅为社会创造了更多元的产品和体验，还推动了文旅经济向更高层次发展。这种协同并非简单的资源叠加，而是通过深层次的合作与创新，实现文化价值与娱乐功能的双重提升。

（二）文化产业：为娱乐注入灵魂

文化是人类文明的积淀，它蕴含着丰富的历史内涵、独特的艺术形式以及深厚的情感共鸣。这些宝贵的财富正是娱乐产业取之不尽的创意源泉。例如，中国的传统文化元素——从京剧到书法，从节庆习俗到民间故事——都成为影视作品、音乐创作和游戏设计的重要灵感来源。

以电影为例，《流浪地球》将中国特有的家国情怀融入科幻叙事中，创造出了独特的东方科幻美学；而《哪吒之魔童降世》则通过现代动画技术重新诠释了传统神话故事。这些作品不仅赢得了观众的喜爱，也向世界展示了中国文化的独特魅力。

此外，文化产业的跨界合作也为娱乐产品注入了更深的文化内涵。例如，故宫博物院与各大品牌联合推出的文创产品，将传统文化符号转化为时尚元素，既满足了年轻人对文化表达的需求，也让古老的文化焕发了新的生机。

（三）娱乐产业：为文化传播打开新窗口

娱乐产业的优势在于其广泛的受众基础和强大的传播能力。通过创新的技术手段和多元化的表现形式，娱乐产业能够让更多人接触到文化的魅力，并激发他们对文化的兴趣与热爱。

近年来，越来越多的娱乐项目将文化元素作为核心卖点。比如，音乐节、戏剧演出、艺术展览等不仅成为人们休闲娱乐的重要选择，也成为文化交流的重要平台。在乌镇戏剧节上，传统戏曲与现代话剧的碰撞让观众感受到了文化的无穷魅力；而在各类文化节活动中，地方特色美食、手工艺品的展示则让人们在享受乐趣的同时，还能深入了解当地的文化底蕴。

数字化技术的发展更是为文化与娱乐的融合开辟了新的可能。虚拟现实（VR）、增强现实（AR）等新技术的应用，让文化体验更加生动有趣。例如，在故宫博物院的数字展中，游客可以通过VR技术“穿越”回古代皇宫，感受历史的厚重；而在敦煌莫高窟的数字化项目中，壁画艺术以全新的形式呈现在观众面前，让更多人有机会欣赏到这一世界文化遗产的独特魅力。

（四）协同发展的价值与意义

文化与娱乐产业的协同发展不仅创造了经济价值，更重要的是为社会文化的传承与发展注入了新的活力。通过这种合作模式，能够将传统文化以更易于接受的方式传递给年轻一代，同时也让文化在现代社会中找到更多的应用场景。

对于文化产业而言，与娱乐产业的合作拓宽了传播渠道，增强了文化产品的市场竞争力；而对于娱乐产业来说，文化的融入则提升了产品的内容深度和情感价值，使其更具吸引力。两者的结合不仅满足了人们对精神文化的需求，也为经济的持续增长提供了新的动力。

（五）未来展望：协同发展的无限可能

随着科技的进步和消费观念的升级，文化与娱乐产业的协同发展将进入一个全新的阶段。

一方面，可以期待更多跨领域的合作项目，比如将传统戏曲与电子游戏相结合，或将历史故事转化为沉浸式体验；另一方面，在这个过程中，需要始终坚持以文化为核心，以创新为驱动，让协同发展的成果真正惠及更多人。通过不断探索和实践，相信文化与娱乐产业的协同发展将翻开新的篇章，为社会创造更多元、更深层次的价值。

第三章

文旅经济的商业模式与创新

022　文旅经济中的商业模式有哪些?

文旅经济作为现代经济发展的重要组成部分，正通过不断创新商业模式，推动文化与旅游的深度融合。这些商业模式不仅丰富了人们的出游体验，也为地方经济发展注入新动力。

（1）“文化+旅游”：传承与创新的完美结合。在“文化+旅游”模式中，历史文化遗产不再是冰冷的展品，而是成为游客体验的重要载体。漫步于古色古香的历史街区，在青石板路上感受岁月痕迹；驻足于博物馆前，透过一件件文物聆听历史故事。这种模式通过将地方特色文化融入旅游资源开发，为游客提供了更深层次的文化体验。

以西安大唐不夜城为例，这里不仅复原了盛唐风貌，还通过灯光秀、行为艺术等形式让历史“活”起来。夜晚的街区流光溢彩，身着古装的演员与游客互动，让人仿佛穿越回千年之前。这种创新的展示方式，让传统文化焕发新的生机。

（2）“体验式消费”：从旁观者到参与者。随着消费升级，人们越来越追求个性化和沉浸式的体验。在这一趋势下，“体验式消费”模式应运而生，并成为文旅经济的重要发展方向。

在杭州良渚古城遗址公园，游客不仅能够看到古老的城墙和墓葬，还能通过VR技术“穿越”回5000年前，感受先民的生活场景。这种沉浸式的体验方式，让人们对历史的理解更加直观深刻。类似的案例在全国各地不断涌现，从故宫的数字展览到各地的主题乐园，都体现了这一模式的巨大潜力。

（3）“文创产业+电商”：传统文化的现代演绎。文创产品是连接传统与现代的重要桥梁。通过电商平台，这些承载着文化内涵的产品突破了地域限制，走进千家万户。

在苏州平江府衙，游客不仅能游览古迹，还能将精美的苏绣扇子、缂丝手帕带回家。借助电商平台，这些独具匠心的手工艺品走进了更广阔的市场。故宫博物院的文创产品也通过线上销售平台，成为网红爆款。这种模式不仅让传统文化焕发新的活力，也为地方经济发展开辟了新路径。

（4）“旅游+养老”：品质生活的全新诠释。随着社会老龄化进程加快，“旅游+养老”这一新兴模式展现出巨大的发展潜力。这种方式既满足了老年人对健康生活的追求，又为文旅市场开拓了新蓝海。

在黄山脚下的养生度假村，老人们不仅能享受温泉疗养，还能参与茶文化体验、书法绘画等文化活动。这种将康养与文化体验相结合的方式，让老年旅游不再是简单的休闲放松，而是实现自我价值的过程。类似的项目在全国各地不断涌现，为文旅经济注入新的增长点。

（5）创新推动发展：这些商业模式的创新实践表明，文旅经济的发展潜力是无限的。通过深入挖掘文化内涵，创新表现形式，能够让更多人感受到传统文化的魅力，同时也为地方经济发展创造更多可能。

展望未来，在“互联网+”时代背景下，文旅经济将焕发更强大的生命力。随着5G、人工智能等新技术的应用，沉浸式体验、智能导览等新型服务形态将不断涌现，为文旅产业发展注入新的活力。

通过这些创新商业模式的探索与实践，文旅经济正在书写新的篇章。这不仅让传统文化焕发新的生机，也为经济发展开辟了新路径，展现了文化与旅游深度融合的美好前景。

023 文旅经济中数字化转型的趋势是什么？

随着科技的飞速发展，数字化转型正在重塑文旅行业的未来图景，为这个传统行业注入新的活力与可能性。在这场变革中，智能化服务、线上线下融合以及虚拟现实技术的应用，正在重新定义游客体验，同时也为企业带来了前所未有的发展机遇。

（一）智能化服务：让旅行更贴心

走进今天的景区，游客会发现一个有趣的现象：手机不再是单纯的通信工具，而是一个智能的“导游”。通过景区的智能导览系统，每位游客都能获得专属的行程规划。比如，在北京故宫博物院，游客可以根据自己的兴趣选择“建筑艺术”“宫廷历史”或“文物珍宝”等不同主题的游览路线。系统还会根据实时数据，为游客推荐最佳参观时间，避开拥挤的人流。

这种个性化的服务背后，是大数据和人工智能技术的强大支持。通过对海量游客行为数据的分析，景区能够更精准地把握游客需求，提供更加贴心的服务。比如，在一些大型主题公园，智能排队系统可以根据游客的游玩习惯，动态调整等候路线，减少等待时间，提升整体体验。

这种智能化不仅让游客感到满意，也为景区管理带来了显著的效率提升。通过物联网技术，景区可以实时监控客流量、设施运行状态等信息，及时做出运营决策，确保服务的高效运转。

（二）线上线下融合：打破时空界限

如果说智能化服务提升了游客的体验，那么线上线下的深度融合则彻底改变了文旅行业的运营模式。如今，无论是预订一张机票、规划一次旅行，还是参与一场文化活动，都可以通过手机轻松完成。

以故宫博物院为例，他们的官方平台不仅是一个购票窗口，更是一个充满创意的文化传播阵地。在这里，游客可以观看文物修复的直播，参与线上互动展览，甚至还能购买到独具匠心的文创产品。这种线上线下一体化的服务模式，让文化不再局限于展厅之内，而是真正走进了人们的生活。

在疫情防控期间，文旅行业的数字化转型更是按下了快进键。许多博物馆、美术馆推出了虚拟展览，让无法亲临现场的观众也能感受到艺术的魅力。比如，敦煌莫高窟的数字展示中心，通过高清投影和三维技术，将洞窟内的壁画栩栩如生地呈现出来，让观众仿佛置身于真实的洞窟之中。

（三）虚拟现实与增强现实：打开新视界

如果说智能化服务和线上线下融合改变了文旅行业的运营方式，那么虚拟现实（VR）和增强现实（AR）技术的引入，则为游客体验带来了革命性的变化。这些技术不仅让文化呈现方式更加生动有趣，也让文化传播突破了时空限制。

在杭州西湖景区，游客可以戴上AR眼镜，在湖边漫步时看到历史上著名的“白娘子传说”场景重现眼前；在北京的798艺术区，AR导览系统会为参观者介绍每件艺术品背后的故事。这种沉浸式的体验方式，让文化不再是枯燥的知识，而是生动的故事。

而对于那些无法亲自前往热门景点的游客来说，VR技术提供了另一种可能。通过VR设备，人们可以在家中“游览”万里长城、埃及金字塔等世界著名景观，在虚拟空间中感受真实的震撼。这种技术的应用，不仅扩大了文旅产品的受众群体，也为文化传播开辟了新的途径。

（四）数字化转型的未来图景

数字化转型为文旅行业带来的不仅是技术层面的进步，更是一种全新的思维方式和运营理念。通过智能化服务，看到了科技如何让传统文化焕发新生；通过线上线下融合，见证了文化如何突破地域限制，走进千家万户；而虚拟现实技术的应用，对未来充满期待——当越来越多的文化遗产被数字化保存，当更多的艺术形式得以创新呈现，文旅行业必将迎来更加广阔的未来。

在这场变革中，游客不再是简单的参与者，而是成为文化的传播者和创造者。通过数字化平台，每个人都可以分享自己的旅行体验、创作文化内容，共同构建一个更加开放多元的文旅生态。这种全民参与的文化共建模式，正在重新定义文旅行业的价值与意义。

数字化转型不仅是一场技术革命，更是一次文化创新的机遇。在这个充满可能的时代，科技与文化的深度融合将为人类带来更加丰富多彩的精神生活，让文化真正成为连接过去、现在与未来的桥梁。

024 共享经济对文旅产业有何影响？

共享经济正悄然改变了生活方式，而在文旅产业中，这种变革尤为显著。它不仅重塑了消费者的旅游与文化体验模式，更为重要的是，它让资源的利用更加高效、人性化，也让人们重新思考“分享”这一概念背后的意义。

（一）共享住宿：连接你我，发现城市温度

传统的酒店住宿往往给人一种标准化、程式化的感觉，而共享住宿则为旅行者打开了一扇全新的大门。想象一下，在陌生的城市里，推开一扇充满主人故事的民宿之门，桌上可能还留着房东精心准备的欢迎小礼物——一杯现磨咖啡或是一份城市游玩攻略。这种体验远超传统酒店的范畴，它让人们在旅途中感受到“家”的温暖。

这种住宿方式不仅降低了旅行成本，更重要的是它创造了一种独特的文化交流机会。通过与房东的互动，游客能够更深入地了解当地的风土人情，而房东也能通过分享自己的生活空间获得额外收入，甚至结识来自世界各地的

朋友。共享住宿正在重新定义“旅行的意义”，让每一次出行都成为一次真实的相遇。

（二）共享交通：灵活便捷，重构城市脉络

如果说共享住宿让人们在旅途中找到了“家”的感觉，那么共享交通则为人们的出行带来了前所未有的便利。共享单车、共享汽车等新兴出行方式的出现，不仅解决了“最后一公里”的难题，更让旅行变得更加自由随心。

更重要的是，共享交通正在推动更多地区的旅游资源被发现和利用。以前一些相对偏远或小众的景区，因为交通不便而鲜为人知，如今随着共享交通网络的完善，这些地方逐渐进入游客视野，为当地经济发展注入了新的活力。通过共享平台，人们可以更轻松地规划行程，体验不同区域的独特魅力。

（三）共享文化：打破边界，激发创意火花

共享经济对文旅产业的影响不仅限于住宿和出行领域，在文化创意领域，它同样掀起了一场深刻的变革。越来越多的文化资源开始走向“共享”，让更多人能够便捷地接触、体验甚至参与到文化创作中来。

在线平台上，艺术品、文创产品等文化商品可以突破地域限制，直接面对全球市场。一位中国景德镇的陶瓷艺术家，可以通过网络平台将自己的作品展示给世界各地的艺术爱好者；一个波兰的手工皮具匠人，也可以通过共享平台与来自不同国家的消费者建立联系。这种跨越边界的资源共享模式，不仅拓宽了文化的传播范围，也让创作者获得了更多的创作灵感和市场机会。

更令人欣喜的是，共享经济正在激发更多人的文化参与热情。一些平台开始尝试让用户参与到文创产品的设计中来，比如用户可以为自己喜欢的艺术作品投票，甚至直接参与创作过程。这种“众创模式”不仅让文化产品更加贴近市场需求，更重要的是它能让人们感受到自己与文化的深度连接。

（四）共享经济：重塑文旅产业的未来图景

从住宿到交通，再到文化创意，共享经济正在以一种独特的方式重新定义文旅体验。它让资源的使用变得更加高效，也让人们在旅行中找到了更多的可能性和参与感。

在这场变革中，共享经济不仅是简单的资源共享，更是一种新型的生活方式和价值观念的体现。它让人们意识到，通过分享与合作，可以创造更多价值，获得更加丰富的体验。

未来，随着技术的不断进步和社会认知的深化，共享经济在文旅领域的应用将会更加广泛和深入。在这场“共享革命”中，文旅产业将焕发出新的生机与活力，为人们带来更加丰富多彩的生活体验。

025　互联网+文旅经济的模式与应用有哪些?

在互联网技术蓬勃发展的今天，“互联网+文旅经济”正以前所未有的方式重塑着文化和旅游产业的未来图景。这种创新模式不仅带来了效率的提升，更开创了一种全新的生活方式和文化体验方式。它让文化和旅游不再是简单的出行或观光，而是成为一个充满互动性、参与性和情感连接的过程。

在线旅游平台无疑是“互联网+文旅”深度融合的典范之作。这些平台不再仅是机票酒店的预订工具，更像是连接用户与目的地的情感桥梁。以携程、飞猪为代表的平台通过大数据分析和人工智能算法，能够精准捕捉用户的偏好和需求，为每一位旅行者量身定制独特的行程方案。比如，一位热爱自然风光的摄影爱好者，在平台上不仅可以看到精心推荐的目的地攻略，还能找到志同道合的旅行社群，分享心得体验。这种个性化服务让每一次出行都充满了期待与惊喜。

更令人欣喜的是，这些平台还创造了许多创新玩法。例如，飞猪推出的“主题游”概念，将徒步、摄影、研学等特色体验融入传统行程中，满足了新时代游客对深度体验的追求。对于景区而言，在线预订系统不仅提升了运营效率，更重要的是建立了与用户直接对话的渠道，能够及时了解市场需求，优化服务内容。

在文创产品的数字化传播方面，“互联网+文旅”展现出了惊人的创造力。电商平台打破了地域限制，让各地的文化瑰宝走出深闺，走进千家万户。一件承载着非遗技艺的手工艺品，通过淘宝、京东等平台，可以跨越千里与海内外消费者相遇。这种数字化销售不仅拓宽了市场空间，更重要的是让更多人有机会接触和了解传统文化的独特魅力。

值得一提的是，许多地方文旅部门还利用电商平台讲述文化故事。比如，一款具有地方特色的茶具，在线上不仅展示产品本身，还会详细介绍其背后的历史渊源、制作工艺和使用习俗。这种“产品+故事”的营销模式，让每一件文创产品都成为一张会说话的文化名片。

而VR与AR技术的应用，则为文旅体验开辟了一个全新的维度。想象一下，足不出户就能漫步于卢浮宫的殿堂，在线欣赏凡·高的《星空》；或者在景区通过手机屏幕看到历史重现眼前。这种沉浸式体验不仅让文化传播突破了时空限制，更让人们以一种前所未有的方式感受文化魅力。

社交媒体与短视频平台则为文旅传播注入了新的活力。抖音上一段动人的风景视频可能引发一场旅游热潮；微博上一个有趣的互动话题可以让目的地瞬间“出圈”。用户不仅是内容的接收者，更是文化的传播者和创造者。大家在分享旅行体验的同时，也在共同构建着一个生动的文化图谱。

在这场“互联网+文旅”的变革中，技术不再是冰冷的工具，而是连接人与文化的纽带；数据不只是冷冰冰的数字，而是蕴含着温度的故事。这种模式不仅提升了行业的运营效率，更重要的是让文化和旅游变得更加触手可及，充满温度。

展望未来，“互联网+文旅经济”将继续突破边界，在虚拟现实、元宇宙等新技术的加持下，为人们创造更多元的文化体验方式。通过持续创新和深化应用，这个融合模式将带领文旅产业走向更加广阔的天地，让文化的力量真正走进每个人的生活。

026 虚拟现实与增强现实如何在文旅产业中应用？

在数字技术日新月异的今天，虚拟现实（VR）与增强现实（AR）技术正以前所未有的方式重新定义着文旅产业的未来图景。这些技术不仅带来了效率的提升，更重要的是开创了一种全新的文化体验方式，让游客得以突破时间和空间的限制，以一种更加沉浸、生动的方式感受世界文化遗产的魅力。

想象一下，在自家客厅里戴上VR设备，就能瞬间“穿越”到埃及金字塔前，近距离观察那些宏伟的建筑细节；或是漫步在罗马斗兽场中，感受古代竞技场的恢宏气势。这种奇妙的文化体验之旅，正在成为越来越多游客的选择。通过VR技术构建的“虚拟景区”，不仅让行动不便或无法远行的人们有了享受旅游乐趣的机会，更为旅游景区提供了一种全新的营销方式。人们可以在“云端”先睹为快，从而激发实地游览的兴趣和欲望。

而当谈论AR技术在文旅领域的应用时，眼前会浮现出一幅更加生动的画面：游客漫步在博物馆展厅里，拿出手机对准一件青铜器皿，眼前的屏幕立刻显示出这件文物的三维立体模型，耳边响起详尽的历史解说；或是站在历史遗址前，通过AR眼镜看到眼前残垣断壁复原成当年的宏伟模样。这种虚实结合的展示方式，不仅让文化遗产“活”了起来，更让人们在轻松有趣的氛围中获得了知识的积累。

在这场数字技术与传统文化的碰撞中，文创产品也焕发出了新的生机。一些旅游景区和文化机构巧妙运用AR和VR技术，开发出一系列互动式文创产品。比如，一张看似普通的明信片，在手机扫描后立刻“动”了起来，展现出一幅动态的历史画卷；一本虚拟导览手册不仅能提供文字介绍，还能通过AR效果展示景点的历史原貌。这些创新的产品不仅让游客在购买纪念品时获得了更丰富的体验，也让更多人愿意将文化传播的种子带回家。

技术的进步，终究是服务于人的需求和情感。VR与AR技术在文旅产业中的应用，看到了科技赋能文化传承的美好图景：它不仅打破了时间和空间的限制，更重要的是让文化以一种更加亲切、生动的方式走进人们的生活。这种创新不是冰冷的技术堆砌，而是带着温度的文化对话。

展望未来，在虚拟现实和增强现实等新技术的加持下，文旅产业必将迎来更多可能性。这些技术的应用，不仅会进一步提升游客的体验质量，也将推动文化产业向着更加开放、更具互动性的方向发展。在不远的将来，或许可以期待：每一次文化之旅，都将是一次心灵与历史的深度对话；每一件文创产品，都将成为连接过去与未来的桥梁。

这种变革的意义，在于技术本身的进步，看到了科技如何赋能传统文化，让古老的文化遗产以一种更加生动的方式焕发新生。这正是文旅产业发展的理想图景：在保持文化本真性的同时，通过创新手段让更多人能够感受到文化的魅力和价值。

027 文化创意产品如何实现跨境电商化？

文化创意产品的跨境电商化是连接世界的文化纽带。在这个全球化深入发展的时代，文化创意产品正以前所未有的速度跨越地理边界，走向世界各地。跨境电商的兴起，不仅为文化创意产品提供了广阔的销售渠道，更重要的是搭建起了一座连接不同文化的桥梁，让来自不同国家的消费者能够便捷地体验和收藏异域文化。

从概念上说，文化创意产品的跨境电商化是一个将地方特色转化为全球资源的过程。通过亚马逊、阿里巴巴国际站等国际电商平台，中国的传统手工艺品、特色文创设计得以走出深巷，进入欧美、日本等海外市场。这种转变不仅仅是销售方式的改变，更是文化传播方式的一次重要升级。想象一下，在地球另一端的人们，只需轻点鼠标，就能将一件充满东方韵味的艺术品带回家中，这样的场景在过去是难以想象的。

实现这一目标需要多方面的努力和创新。首先，精准的市场定位和数据分析至关重要。通过大数据技术，商家可以更清晰地了解不同国家消费者的偏好和需求。比如，中国的地方特色工艺品，在欧美市场可能需要强调其独特的文化内涵和手工价值；而在日本市场，则可以突出产品的简约设计与传统工艺相结合的特点。

在这一过程中，本地化策略起到了关键作用。这不仅体现在产品设计上，也反映在包装、营销等多个环节。以中国的瓷器和丝绸为例，通过对其风格和包装进行调整优化，使其更符合目标市场的审美习惯，这种“量体裁衣”式的本地化策略极大地提升了产品的市场接受度。

社交媒体和短视频平台的崛起，为文化创意产品的推广提供了新的机遇。在抖音、TikTok等平台上，商家可以通过精心制作的内容展示产品背后的文化故事。一个有趣的案例是，中国某陶瓷品牌通过TikTok展示传统制瓷工艺的视频，不仅让观众了解了产品的制作过程，更激发了他们对中华传统文化的兴趣。这种内容营销方式，建立起了一种跨越语言和文化的深层连接。

在这个过程中，物流与支付系统扮演着“最后一公里”的角色。随着国际物流网络的完善和跨境支付技术的进步，消费者可以更加便捷地完成购买。特别是在节假日期间，及时的物流服务更能让远在海外的华人华侨感受到家乡的文化气息。这种“触手可及”的文化体验，正在重新定义文化创意产品的价值。

文化创意产品跨境电商化的意义，不仅在于创造了经济价值，更重要的是促进了文化的全球传播。每一件成功走出去的产品，都是一个讲述中国故事的机会；每一次跨文化的交易，都是一次心灵的对话。这种文化传播方式的最大魅力，在于它不是刻意为之的宣传，而是通过日常的商品流通自然而然地实现的。

在这个数字化的时代，跨境电商正在成为文化创意产品走向世界的重要通道。通过电商平台、社交媒体等数字工具，中国文化创意产品正以一种更加生动的方式走进世界各地人们的生活。这不仅为文旅产业创造了新的发展机遇，更重要的是架起了一座连接不同文化之间的桥梁，促进了文化的交流与互鉴。

展望未来，随着技术的进一步发展和市场的不断拓展，文化创意产品的跨境电商化必将迎来更多可能性。在这个过程中，如何在保持文化本真性的同时，找到合适的国际化表达方式，将是一个值得深入探讨的话题。可以预见的是，在不久的将来，会有越来越多的文化创意产品通过跨境电商走向世界，讲述中国故事，展现中华文化的独特魅力。

这种变革的意义是深远的：它不仅改变了文化创意产品的流通方式，更重要的是开创了一种全新的文化传播模式。在这个意义上，文化创意产品的跨境电商化不仅是一种商业创新，更是一次文化自信的体现。

028 文旅消费的新型市场特征有哪些?

文旅消费的新型市场正在经历一场深刻的变革。在这场变革中，消费者的需求早已突破了传统的观光模式，转而追求更加个性化、多元化、高品质的体验。这种变化既源于人们生活水平的提升，也得益于科技的发展和社会观念的进步。以下是当前文旅市场中一些显著的新型需求趋势。

（一）个性化与定制化：从“大众旅游”到“专属体验”

当代消费者的消费需求正在从“千篇一律”转向“独一无二”。越来越多的人不再满足于传统的跟团游或标准化行程，而是希望根据自己的兴趣和需求量身定制旅行方案。例如，有的游客偏爱深度文化探索，想要深入了解一个地方的历史背景和风土人情；有的则更倾向于冒险挑战，热衷于徒步、攀岩等极限活动。

这种趋势催生了“私人定制游”的兴起。专业的旅游服务商会根据客户的具体需求设计行程：为摄影爱好者安排最佳取景点，为美食达人推荐地道餐馆，甚至为历史爱好者安排深度导览。这样的服务模式让旅行不再是简单的“打卡式游览”，而是真正意义上的文化体验和心灵满足。

（二）健康养生：文旅消费的“新刚需”

随着社会压力的增大和健康意识的提升，越来越多的人开始将旅游与健康管理相结合。这种趋势在中老年群体中尤为明显，他们更倾向于选择那些能够放松身心、颐养天年的旅行方式。

温泉疗养游就是一个典型案例。优质的温泉资源不仅能让游客享受身体的放松，还成为一种新的社交方式。许多温泉度假区会配套建设养生中心、中医理疗馆等设施，为游客提供全方位的健康管理服务。

此外，“康养旅游”概念的提出也反映了这一趋势。这种模式将医疗资源与旅游资源相结合，在景区内配备专业的医生团队，为游客提供健康评估、慢病管理等服务。这种方式既满足了人们对健康的追求，又丰富了文旅消费的内容。

（三）数字化与智能化：科技赋能新体验

互联网技术的飞速发展正在重塑文旅行业的消费场景。在线预订平台的普及让旅游产品的购买更加便捷，消费者可以随时随地完成从查询到支付的全部流程。

与此同时，虚拟现实（VR）、增强现实（AR）等新技术也为文旅消费带来了全新的可能。比如，在景区导览中使用AR技术可以让游客与历史场景互动；在博物馆里通过VR设备“穿越时空”，身临其境地感受展品背后的故事。

这种数字化转型不仅提升了游客的体验感，也推动了整个行业的升级。智慧景区、无人酒店等新业态不断涌现，为文旅市场注入了新的活力。

（四）可持续发展：绿色旅游成新风尚

随着环保意识的增强，越来越多的消费者开始关注旅行对环境的影响。他们更愿意选择那些符合生态理念的旅游产品，如低碳出行、绿色住宿和生态景区。

这种趋势推动了许多景区进行“绿色改造”。有的景区通过使用可再生能源减少碳排放；有的则采用循环利用设施降低资源消耗。游客在享受自然美景的同时，也能为环境保护贡献力量。

文旅消费市场的这些新趋势，既反映了消费者观念的升级，也折射出整个社会的发展进步。在这个过程中，如何将个性化服务与标准化管理相结合，如何平衡经济效益与社会责任，是每一个从业者都需要思考的问题。

可以预见的是，在不远的将来，文旅市场将会迎来更多创新和变革。通过不断满足消费者的多样化需求，这个行业必将创造更大的价值，为人们带来更加丰富美好的生活体验。

029　跨界合作如何推动文旅经济的发展?

文旅经济正在经历一场前所未有的变革，跨界合作为这个传统产业注入了新的活力与创新动力。在这个充满机遇的时代，文旅产业不再是孤立的存在，而是与其他行业携手同行，在融合中寻找突破，创造更多的可能性。

（一）科技赋能：打开想象的边界

科技行业的跨界合作为文旅经济带来了革命性的变化。

虚拟现实（VR）和增强现实（AR）技术的引入，彻底改变了人们体验文化与旅游的方式。想象一下，游客无须亲临埃及就能身临其境地探索金字塔的奥秘；或是漫步在敦煌莫高窟中，通过AR技术一睹壁画昔日的绚丽色彩。这些创新不仅让传统文化以更生动、更具有吸引力的姿态呈现在世人面前，也为文旅项目创造了更大的商业价值。

科技的应用还大大提升了游客体验的互动性和沉浸感。一些景区已经开始尝试“智慧旅游”模式，通过AI导览、智能票务系统等技术手段，为游客提供更加便捷高效的服务。这些创新不仅吸引了更多的年轻消费者，也让更多人重新认识了文旅的魅力。

（二）娱乐融合：文化与商业的完美碰撞

近年来，文旅产业与影视、游戏等娱乐行业的跨界合作日益频繁。这种融合不仅仅停留在表面的宣传层面，而是深入产品设计和运营模式的创新中。例如，《哈利·波特》系列电影的成功不仅造就了一部现象级作品，更催生了遍布全球的主题公园，这些园区通过精心打造的场景和沉浸式的体验，让影迷们得以在现实中延续魔法世界的奇妙旅程。

类似的案例不胜枚举：《流浪地球》等热门影视作品带动相关旅游线路的开发；热门游戏IP被搬上舞台，成为实景演出的重要题材。这种跨界合作不仅为文旅项目带来了更大的流量和关注度，更重要的是创造了独特的文化价值，让娱乐与文化实现了良性互动。

（三）电商助力：让文创产品走向世界

电商平台的崛起为文旅产业提供了新的发展机遇。通过线上渠道，各地特色文创产品得以突破地域限制，走向更广阔的市场空间。云南的手工艺品、景德镇的陶瓷艺术、苏州的苏绣作品，这些曾经“藏在深闺人未识”的文化瑰宝，如今借助电商平台的力量，走进了千家万户。

更为重要的是，电商的数据分析能力为文旅企业提供了精准的市场洞察。通过对消费者偏好的深入研究，企业能够更准确地把握市场需求，推出更具吸引力的产品和服务。这种数据驱动的创新模式，不仅提升了销售转化率，也为文创产品的开发指明了方向。

（四）可持续发展：与环保同行

跨界合作不仅仅局限在商业领域，在环境保护和文化教育方面也展现出了巨大潜力。越来越多的文旅项目开始注重绿色发展理念，与环保组织携手打造生态友好型旅游产品。这些项目通过减少碳排放、推广可循环利用材料等方式，吸引着越来越多关注可持续发展的游客。

与此同时，文旅产业也在积极探索与教育行业的融合之道。许多景区和文化机构推出研学旅行项目，将文化传承与知识教育相结合，让游客在游玩过程中获得更多的精神满足。这种创新不仅丰富了文旅产品的内涵，也为文化传播开辟了新的渠道。

（五）跨界合作的无限可能

跨界合作正在重塑文旅产业的未来图景，它不仅是一种商业模式的创新，更是对文化产业价值的重新定义。通过与不同领域的携手同行，文旅经济正在打破固有边界，在融合中寻找新的增长点和突破方向。

这种变革不仅为消费者创造了更多元化的选择，也为行业的可持续发展注入了强劲动力。在这个充满无限可能的时代，跨界合作将继续引领文旅产业走向更加光明的未来。

030 文旅产业中的文化消费趋势是什么？

文旅产业中的文化消费趋势正经历着深刻的变革与创新，这一变化不仅反映了消费者需求的多样化与个性化倾向，也展现了社会环境转型带来的深刻影响。随着经济的快速发展和社会文化认同感的逐步增强，文化消费在旅游活动中的地位日益凸显，成为现代旅游不可或缺的重要组成部分。

当前，越来越多的消费者开始追求更加深度的文化体验，这种趋势已经超越了传统的观光模式。人们不再满足于走马观花式的景点打卡，而是渴望通过旅行来真正理解和感受不同的文化背景、历史遗产和生活方式。这种需求推动着文化旅游产品不断创新与丰富，从简单的博物馆参观到参与当地的民俗活动、传统节庆以及手工艺体验等多样化选择的出现，都体现了消费者对深度文化体验的向往。

个性化和定制化服务正在成为文旅消费领域的突出特点。当代消费者普遍不再满足于标准化的旅游路线和产品，而是追求能够体现个人兴趣和独特需求的文化体验。这种趋势促使旅游企业和文化机构不断提升服务水平，推出各种定制化的旅游产品和服务模式，如量身定制的旅游线路、专属私人导游以及特色文化体验课程等。通过提供个性化的文旅服务，企业不仅满足了消费者的多样化需求，也为市场注入了更多活力。

在技术层面，数字化和智能化的应用正在深刻改变文旅产业的消费模式。虚拟现实（VR）、增强现实（AR）等前沿科技的广泛应用，为消费者提供了沉浸式文化体验的新途径。游客可以通过这些新技术，在不出家门的情况下就能身临其境地感受文化遗产的魅力。这种突破时空限制的技术手段不仅丰富了文化消费的形式，也为文化传播开辟了新的可能性。

值得一提的是，绿色消费和可持续发展理念正在文旅产业中逐渐成为主流。越来越多的消费者开始关注旅游项目的环保性，倾向于选择低碳、生态友好的旅游产品。这种趋势促使文旅企业在追求经济效益的同时，更加注重产品的可持续性与环保价值，积极回应消费者对绿色文化消费的需求。

总体而言，文旅产业中的文化消费趋势正朝着个性化、深度化、数字化和可持续发展的方向不断演进。这一系列变化不仅推动了文化和旅游产业的深度融合，也为整个行业的发展注入了新的活力与创新动力。在这样的背景下，文旅企业需要紧跟时代步伐，不断创新产品和服务模式，以更好地满足消费者日益增长的精神文化需求，同时为行业的可持续发展贡献更多智慧与力量。

通过观察这些趋势可以看出，未来的文旅产业发展将更加注重文化内涵的挖掘与表达，更加贴近消费者的个性化需求，同时也将承担起更多的社会责任，推动绿色低碳发展理念的实践。这种全方位的发展模式不仅能够提升文旅产品的市场竞争力，也将为整个社会的文化传承与发展注入更加强劲的动力。

031　如何利用大数据提升文旅产业的服务体验？

大数据在文旅产业中的应用为提升服务体验提供了重要的支撑。通过分析游客行为数据、市场趋势、文化偏好等，大数据能够帮助文旅产业精准地制定服务策略、优化运营管理，并提升游客的整体体验。具体来说，如何利用大数据提升文旅产业的服务体验，可以从以下几个方面来阐述：

（一）精准用户画像与个性化推荐

大数据可以通过对游客的行为数据、消费记录、兴趣爱好等信息的收集与分析，帮助文旅企业精准地构建用户画像。通过这些数据，景区、酒店、旅游公司等可以为游客提供个性化的服务和推荐。

游客行为分析：通过分析游客在不同景点、活动中的停留时间、浏览记录等数据，可以预测游客的偏好，从而提供个性化的游览路线、活动安排等服务。例如，游客喜欢历史文化景点，可以推荐相关的文化遗产地或博物馆。

个性化产品推荐：根据游客的历史消费数据，旅游公司可以提供个性化的旅游产品或服务。例如，根据游客过往的旅行记录推荐新的旅游线路，或为游客量身定制专属的酒店套餐和活动体验。

（二）智能化服务与实时反馈

大数据可以帮助文旅企业实时掌握游客的需求和反馈，提升服务响应速度，优化游客的实时体验。通过智能化的服务工具，如智能导游、虚拟助手、在线客服等，可以为游客提供更便捷、更高效的服务。

智能导览系统：基于大数据和地理位置技术，景区可以推出智能导览系统，实时为游客提供景区内部路线规划、景点推荐、活动信息等个性化服务。游客可以根据自己的兴趣选择最合适的游览路线，避免排队和重复游览，提高游览效率。

实时反馈与调整：通过大数据监控游客的实时反馈，如满意度调查、在线评论和社交媒体动态等，景区可以快速响应并调整服务。例如，如果某个景点或活动存在游客不满的情形，管理方可以立即进行调整或优化，改善游客体验。

（三）精准市场营销与客户关系管理

大数据为文旅产业的精准营销提供了强大的支持。通过对游客的消费行为、兴趣偏好和出行模式进行分析，文旅企业可以制定更为精准的市场营销策略，提升客户转化率。

精准广告投放：基于游客的个人信息和消费行为，旅游公司可以实现广告的精准投放。例如，通过社交媒体、搜索引擎等平台，向潜在游客推送个性化的广告和优惠信息，增加其出行意愿。

客户关系管理：通过大数据分析游客的历史消费记录和忠诚度，景区和旅游公司可以设计个性化的客户关系管理方案，提供定制化的会员服务、优惠券和活动邀请等，增强客户黏性和忠诚度。

（四）优化景区管理与资源配置

大数据还能够帮助文旅企业优化景区的资源配置，提高运营效率。通过对游客流量、景点热度、员工工作状态等数据的分析，景区可以合理分配资源，提升运营效率。

游客流量管理：通过大数据分析游客的流量分布和高峰期，景区可以科学地调度人力资源和设施配置。例如，在游客高峰期增加导游和安保人员，或在热门景点增设临时设施，确保游客流畅的游览体验。

节省运营成本：通过对游客行为的监控和分析，景区可以识别出低效区域或服务，进而优化运营，节省成本。例如，基于游客的流动数据，调整景区内餐饮、停车、厕所等设施的服务时段或布局，提升资源使用效率。

（五）提高文化产品的精准营销

大数据还可以帮助文旅产业在文化产品的开发和营销上做出更为精准的决策。通过分析游客的文化兴趣和消费行为，文旅企业可以在文化产品的创作、推广和销售中做出更具针对性的选择。

文化产品定制：基于游客的文化需求数据，景区或文创公司可以定制符合市场需求的文化产品。例如，游客偏好某种地方传统工艺，可以推出相关的纪念品或手工艺品。

活动与体验定制：根据游客的文化兴趣，定期推出符合其需求的文化体验活动，如地方美食节、民俗演出、传统工艺体验等，提升游客的参与感和满意度。

（六）提升旅游安全与风险管理

大数据还可以在提高游客安全性和风险管理方面发挥重要作用。通过对游客行为、环境数据、天气数据等的实时监控，旅游企业能够有效预防和应对各种突发事件，确保游客的安全。

智能安全监控：通过大数据分析游客的行为模式、天气变化和景区内的实时数据，能够及时发现潜在的安全隐患或风险点。例如，在游客数量激增的情况下，系统可以提醒景区工作人员采取措施，避免拥堵和事故发生。

结论：大数据在提升文旅产业服务体验中的作用不可忽视。通过精准的用户画像、智能化的服务工具、优化的资源配置和个性化的营销策略，文旅产业可以为游客提供更加优质、高效的服务，从而提升游客的满意度和忠诚度，推动整个文旅产业的可持续发展。

032 文旅经济中的共享经济模式如何推动市场创新？

共享经济模式在文旅经济中的应用已成为推动市场创新的重要力量。以下是其推动市场创新的几个主要方式：

降低成本与提高资源利用率：共享经济通过充分利用闲置资源，如共享住宿、共享交通工具和共享文化资源，使得消费者可以以更低的成本享受文旅服务。同时，企业可以通过平台化的运作模式提高资源的使用效率，避免浪费，降低运营成本。

激发多样化的消费需求：共享经济模式允许消费者根

据个性化需求选择服务，如选择民宿而非传统酒店，或者租赁本地向导而非参加标准化的旅游团。这种灵活的选择促进了文旅市场中不同层次和多样化的需求增长，从而推动了创新型产品和服务的开发。

促进旅游目的地的多元化发展：共享经济平台能够帮助小型旅游企业或本地商家借助平台的网络效应快速获得市场认知度。例如，旅游景点周边的地方特色商品、餐饮和手工艺品通过共享平台销售，不仅使得游客能够体验到更多的本土文化，也帮助地方经济实现了创新型发展。

增强用户互动与体验感：共享经济模式强调用户之间的互动与社区的建立，平台上的用户评价、建议和分享进一步推动了消费者参与度的提升。在文旅产业中，这种互动和社交元素能够创造更为丰富的旅游体验，激发用户的创造性需求，从而促使相关产品和服务的创新。

推动技术与平台创新：共享经济依赖于先进的信息技术和平台化的商业模式，这些技术创新为文旅行业带来了更多的商业机会。例如，基于大数据、人工智能和云计算的共享经济平台，可以分析游客的行为模式，定制个性化的旅游产品，进一步推动了文旅经济的创新。

总之，共享经济不仅降低了文旅产业的进入门槛，激发了多样化的市场需求，还推动了新技术的应用和创新型商业模式的出现，从而有效推动了文旅经济的持续创新与发展。

033 如何利用社交媒体和短视频平台实现文旅产业的创新与突破？

在当今数字化时代，社交媒体和短视频平台已成为文旅产业创新与突破的重要工具。以下是如何通过这些平台推动文旅产业创新的几个方面：

提高品牌知名度与曝光度：社交媒体和短视频平台如微博、抖音、TikTok等，具有庞大的用户群体和高频的互动特性，使得文旅企业能够在短时间内吸引大量的受众。例如，通过创意视频、直播、短视频故事等方式，目的地或品牌能够迅速获得全球范围的曝光，增加潜在游客的兴趣与关注度。

增强互动性与参与感：这些平台提供了双向互动的功能，游客不仅是被动的受众，还是内容创造者和传播者。游客可以通过分享个人旅行经历、拍摄短视频或进行评论，形成口碑传播。文旅企业可通过互动性内容、线上活动或挑战赛等方式激发用户参与，提高用户的参与感和忠诚度，从而创造出更多个性化的体验和创新产品。

精准营销与数据分析：社交媒体平台的精准用户画像和大数据分析功能可以帮助文旅企业深度了解目标消费者的兴趣、偏好和行为特征。例如，通过分析平台上的点赞、分享、评论等数据，文旅企业可以洞察市场趋势、用户需求变化，并根据数据反馈进行产品创新和个性化服务的调整，达到更高的市场契合度。

短视频内容创意与故事化营销：短视频平台以其强烈的视觉冲击力和简洁的表现方式，能够迅速传递情感和品牌信息。通过制作富有创意的短视频内容，文旅企业可以更好地讲述旅游目的地的故事，展示当地文化、风景、人文等方面的独特魅力。比如，制作结合当地历史文化、民俗特色的短视频，不仅可以让游客感受到目的地的深度魅力，还能够通过情感共鸣激发游客的旅行欲望。

打造网红经济与跨界合作：文旅产业可以借助网红、KOL（关键意见领袖）以及旅游博主等影响力人物，通过代言、合作或品牌联动等方式，打破传统营销的界限，拓展更广泛的受众群体。通过与社交媒体上的意见领袖合作，推动目的地或旅游产品成为热门话题，提升品牌的市场影响力。

提升用户体验与便利性：社交媒体和短视频平台不仅是营销工具，还能提升游客的整体旅行体验。通过平台提供的实时推荐、评论、评分和旅行攻略等信息，游客可以获得更为便捷和个性化的旅行建议。此外，基于位置服务的功能，如导航、智能推荐等，能够大大提升游客的出行体验，使其旅行更加顺畅和愉快。

打造线上与线下结合的互动体验：文旅企业可以通过社交媒体和短视频平台推动线上线下结合的创新。例如，利用直播平台进行线上导览或活动，游客可以足不出户先行体验目的地的风光和文化；而在现场，游客可以利用短视频平台分享自己的旅行经历，形成线上线下的互动体验，增加文旅产品的吸引力和黏性。

总之，社交媒体和短视频平台的迅猛发展为文旅产业提供了全新的市场机会和创新手段。通过利用这些平台的传播优势、互动性和精准营销功能，文旅产业可以打破传统的营销方式，创造更多个性化、多元化的产品和服务，推动文旅产业的创新与突破。

034　文旅产业中如何构建创新的线上线下融合的商业模式

在文旅产业中，构建创新的线上线下融合的商业模式，既能提升用户体验，又能提升市场竞争力，推动产业的持续发展。以下是几个构建线上线下融合商业模式的关键策略：

（一）打造线上预订与线下体验的无缝连接

线上平台可以为游客提供便捷的预订服务，如酒店、机票、门票、导游服务等，而线下则提供实际的旅游体验。游客可以通过移动端、网站等平台轻松查询和预定旅游产品，而到达目的地后，能够享受到线下的一站式服务。通过线上预约、线下消费的方式，确保游客的便捷性与旅游体验的连贯性。

（二）数字化技术与智能化服务的结合

利用大数据、人工智能、物联网等技术，打造线上线下融合的个性化服务。在线上，游客可以根据个人偏好浏览、选择旅游产品和路线，线下则通过智能设备或APP提供实时个性化推荐，提升游客体验。

（三）线上社交与线下体验的互动融合

社交媒体和短视频平台的快速发展为文旅产业提供了丰富的线上营销机会。通过社交媒体的互动、分享与传播，游客能够在游玩过程中分享自己的体验，进一步激发其他潜在游客的兴趣。同时，游客的社交行为与线下活动相结合，促进了品牌的传播与市场的拓展。

（四）构建线上营销与线下服务体系的互补性

线上营销可以为文旅企业提供广泛的曝光与触及，而线下服务则能够提供实地体验和顾客关怀。通过线上内容创意和引流，吸引潜在游客，而线下的优质服务与深度体验，能够将潜在客户转化为忠实客户。

（五）构建智慧文旅生态圈

通过线上线下融合，打造文旅产业的生态圈，形成一个多层次、多角度的服务体系，包括信息、营销、支付、消费等各个环节的无缝连接。智慧文旅生态圈可以将游客、景区、住宿、交通、商户等多方资源整合，提升产业链的效率与体验。

（六）发展线上线下互动的跨界合作

线上平台与传统旅游业的合作，将有助于推动创新的商业模式发展。例如，旅游景点和文化艺术场所可以与线上电商平台、社交媒体、文化机构等进行跨界合作，通过线上平台进行联合促销、联合发布文化活动、线上直播等，吸引更多游客。

总之，构建创新的线上线下融合商业模式，不仅可以打破传统旅游模式的限制，还能通过数字化技术、社交互动、个性化服务等手段，提升游客体验，增加旅游产业的收入与效益。同时，线上线下的深度融合将推动文旅产业的可持续发展，为游客提供更加便捷、丰富、个性化的旅游体验，推动文旅产业向创新、绿色、智能化方向发展。

第四章

文旅经济的政策与政府角色

035　政府在文旅经济发展中的作用是什么？

在文旅经济发展的浪潮中，政府的角色如同一位智慧的舵手，指引着产业这艘大船驶向繁荣的彼岸。在这片广阔的发展蓝海中，政府不仅扮演着政策制定者的角色，更有资源整合者和市场监督者的多重身份，为文旅产业的蓬勃发展提供了全方位的支持。

政策引导是政府推动文旅经济发展的重要抓手。通过科学规划和制度设计，政府能够为产业发展指明方向，营造出公平、规范的市场环境。资源整合是政府发挥独特优势的关键领域。在文化遗产保护方面，政府不仅是资金投入的主要来源，更是协调各方利益的核心力量。以中国的故宫博物院为例，通过PPP模式引入社会资本参与修缮和运营，既解决了资金短缺问题，又提升了管理效率和服务水平。类似的，在旅游资源开发过程中，政府需要统筹考虑土地利用、环境保护、文化传承等多重因素，确保项目既能产生经济效益，又能实现社会效益的最大化。

市场监管是保障文旅经济健康发展的最后一道防线。

在这个环节中，政府既要当好“裁判员”，又要做好“服务员”。一方面，通过建立健全市场准入制度和信用评价体系，防止不正当竞争和资源浪费；另一方面，要为企业提供精准的政策扶持和技术指导。以西班牙为例，当地政府通过建立完善的民宿管理体系，在保护传统风貌的同时，也带动了乡村旅游经济的发展。

在推动文旅经济走向世界的过程中，政府的作用同样不可或缺。通过举办国际文化节、参与全球旅游推广联盟等方式，政府能够有效提升本国文化的国际影响力。

在数字化时代背景下，政府的职能也在不断创新与拓展。通过搭建智慧文旅平台、推广数字文创产品等举措，政府部门正在以更开放的姿态拥抱变革。这种创新不仅体现在技术应用上，更反映在发展理念的更新中——从简单的“门票经济”转向全产业链开发，从粗放式管理走向精细化运营。

展望未来，政府在文旅经济发展中的角色将会更加多元化和智能化。在做好传统领域工作的同时，还需要加强与科技企业、文化机构等多方合作，共同探索创新发展路径。在这个过程中，政府既需要保持战略定力，又要具备灵活应变的能力，唯有如此，才能真正实现文旅经济的高质量发展。

036　如何制定有效的文旅产业规划？

制定文旅产业规划是一项系统性工程，需要以全局视野谋划布局，通过多方协同努力，共同绘就一幅科学、务实的发展蓝图。在这个过程中，既要立足现实基础，又要着眼未来趋势；既要有战略定力，又要有灵活应对能力。

首要任务是摸清“家底”，深入挖掘地方的文化和旅游资源禀赋。每个地区都有自己独特的文化基因和自然特色，就像九寨沟的山水画卷、敦煌的艺术瑰宝、婺源的古村风情等，这些都是大自然和历史留下来的宝贵财富。通过细致梳理这些资源的独特性，找准能够打动人心的核心卖点，才能为后续发展奠定坚实基础。

在规划过程中，要特别注意与地方经济的整体发展战略相衔接。文旅产业不是孤立存在的“空中楼阁”，而是需要与其他产业协同发展的重要引擎。比如，在乡村振兴战略中，可以通过农旅融合，将农业种植、农产品加工与乡村旅游体验结合起来；在新型工业化进程中，可以开发工业旅游项目，让游客近距离感受现代科技的魅力。政府部门要发挥统筹协调作用，推动产业链上下游联动发展。

可持续发展理念必须贯穿规划全过程。在保护中开发，在开发中保护，这应该是文旅产业发展的基本遵循。张家界国家森林公园通过实施生态修复工程，既保护了独特的地貌景观，又为旅游业持续健康发展提供了保障。要避免重蹈一些地方“涸泽而渔”的覆辙，坚决杜绝过度商业化开发。

市场调研和数据分析是规划制定不可或缺的基础工作。要深入了解不同游客群体的需求偏好，准确把握消费趋势变化。通过大数据分析、问卷调查等多种方式，建立翔实的客源数据库。比如，可以发现年轻游客更偏爱沉浸式体验项目，而家庭游客则更注重旅游的安全性、便利性和性价比。这些精准洞察将为产品设计和市场推广提供科学指导。

在具体实施中，规划要留有适当弹性空间。市场环境瞬息万变，消费需求不断升级，技术进步日新月异，这就要求规划既要有前瞻性，又不能太过固执。要建立动态评估机制，定期审视执行效果，并根据实际情况进行适度调整。比如，在“互联网+”时代，可以适时增加数字化体验项目；面对突发公共卫生事件，要及时调整营销策略。

特别值得一提的是，文旅产业规划的成功离不开社会各界的共同参与。政府部门要做好顶层设计和政策引导，企业要发挥创新主体作用，社区居民也要参与到规划和管理中来。只有充分调动各方积极性，形成共建共享的良好局面，才能确保规划的科学性和可操作性。

总之，在新时代背景下，制定文旅产业规划是一项充满挑战也充满机遇的工作。以系统思维谋篇布局，以创新驱动转型升级，以开放包容的姿态拥抱变革，共同推动文旅产业高质量发展，为建设更加美好的精神家园贡献力量。

037　文旅政策如何引导地方经济发展？

文旅政策作为促进地方经济发展的重要抓手，在引导产业升级、优化资源配置、激发社会活力等方面发挥着不可替代的作用。好的政策不仅能为地方经济注入新动力，还能推动文化传承与创新，提升区域整体竞争力。

在产业发展方向上，文旅政策就像一位睿智的引路人，为企业和社会资本指明了前进的方向。通过税收减免、财政补贴、贷款支持等优惠政策，政府释放出清晰的发展信号，吸引了大量投资者进入文旅领域。这些资金不仅用于景区开发、文化项目打造，更带动了相关产业的蓬勃发展。比如，在九寨沟，政府通过设立专项基金支持生态旅游项目，不仅保护了自然环境，还创造了数千个就业岗位。

政策引导下的资源整合往往会产生“1+1>2”的效果。地方政府能够统筹协调各方资源，推动文化与旅游深度融合。在西安，当地政府就巧妙地将历史遗迹保护、文化创意开发和现代旅游业发展结合起来，打造出了独具特色的城市文化旅游品牌。通过设立文化产业发展基金，支持非遗传承人开展创新项目，不仅让传统文化焕发新生，还带动了周边餐饮、住宿等配套产业的发展。

基础设施建设是文旅政策的重要着力点。完善的交通网络、智能的旅游服务系统、便利的公共服务设施，这些都构成了地方经济发展的“硬实力”。在丽江，政府推动智慧旅游平台建设，游客可以通过手机实现吃住行游购娱一站式服务；在张家界，政府加大景区交通整治力度，既改善了游客体验，又提升了区域整体形象。

国际化是文旅政策的另一个重要维度。通过举办国际文化节、世界遗产论坛等活动，地方不仅能够展示文化魅力，还能吸引全球目光。杭州西湖申遗成功后，政府积极对接国际标准，提升服务水平，不仅吸引了大量外国游客，还带动了酒店业、零售业等相关产业的发展。

最令人欣喜的是，文旅政策正在重塑地方经济的结构和发展模式。在云南大理，当地政府通过“文化+”战略，推动传统手工艺与现代设计结合，形成了独特的文创产业链；在福建厦门，政府支持建设海上丝绸之路文化交流中心，不仅促进了对外文化交往，还带动了邮轮旅游、国际会展等新兴产业的发展。

可以说，文旅政策正在成为地方经济转型升级的重要引擎。它不仅带来了经济效益，更重要的是增强了区域的文化自信和社会凝聚力。通过科学的政策设计和持续的改革创新，文旅产业必将为地方经济发展注入更多活力，创造更大的价值。

038　政府如何保持文化遗产保护与文旅开发的平衡？

政府在保持文化遗产保护与文化旅游发展之间的平衡上起着主导作用。通过政策引导和科学规划，政府可以在有效保护文化遗产的同时，促进文化旅游业的可持续发展。为此，政府需要制定严格的法律和政策，对文化遗产进行分类管理，严格界定哪些遗产可以开发，哪些遗产需要保留，以防止过度商业化造成的破坏。

政府还需要提供经济支持和技术指导，以促进地方政府和企业进行遗产保护和更新。在发展文化旅游的同时，应该注入文化遗产的精髓，防止过度开发和同质化，确保开发过程不会抹杀遗产本身的历史价值和文化意义。通过适当的规划，文化遗产不仅可以转化为旅游资源，还可以融入现代旅游保护市场，成为游客了解历史文化的窗口。

加强公众教育和参与也是政府的重要职责之一。通过开展文化遗产保护宣传工作，可以提高全社会遗产保护意识，加强文化认同，促进全社会共同保护文化遗产。政府可以引导企业和当地社区参与文化旅游开发和遗产保护，鼓励发掘和发展当地文化特色，同时进行遗产保护和经济发展。此外，政府还可以引进外资和技术，通过国际交流与合作，推动遗产保护和文化旅游发展，树立国际视野。在政府的大力推动下，文化遗产保护和文化旅游发展不仅可以充分利用资源，还可以为区域经济提供可持续发展，提高区域的文化软实力和国际形象。

039　政府如何支持文旅企业的创新与转型？

政府支持文旅企业创新转型，关键是出台相关政策，提供必要的资源支持。在政策层面，政府可提供税收减免、财政补贴、融资支持等政策，降低文旅企业创新转型的成本。例如，为协助旅游文化企业在数字化、绿色发展、文化创意等方面进行创新，政府可设立专项资金或提供低息贷款，帮助企业扩大研发投入。

政府还应在政策框架内鼓励文旅企业与科技企业、文创企业、高校开展跨境合作，推动科技创新与文化产业融合发展。通过打造创新平台，为企业提供开放的合作环境，实现技术、创意和资源的对接，支持创新文旅项目，为地方经济注入新活力，推动文旅产业进入更高的市场竞争力。

此外，政府在优化产业环境方面也发挥着重要作用。政府可以通过简化行政审批程序、加强知识产权保护、鼓励人才引进等方式，为文旅企业创造更加公平开放的市场环境和更加稳定的营商环境。同时，鼓励建立和完善行业标准，引导文旅企业更加高质量、创新发展。

政府还应关注文旅企业的绿色发展，引导文旅企业走可持续发展的道路。政府通过制定绿色发展政策、支持绿色旅游项目，帮助企业在保护环境的同时获得经济效益。政府通过提供全方位的支持，不仅鼓励文旅企业创新升级，也有助于提高文旅产业的整体竞争力和可持续发展能力。

040 如何通过政策促进文旅行业的绿色发展？

政府可以通过多方面的政策措施推动文旅行业的绿色发展。政策支持应着眼于从源头控制污染、提升资源利用效率和鼓励可持续的旅游实践，确保文旅行业在保持经济增长的同时，减少对环境的负面影响。

在政策层面，政府可以出台环保法规，要求文旅企业严格遵守环保标准，减少能源消耗和碳排放。例如，对高能耗、高污染的旅游项目实施限制或高额的环保税收，鼓励企业转型为绿色、低碳、环保型企业。同时，政府可以为符合绿色标准的文旅项目提供税收优惠、财政补贴或低息贷款等支持，激励企业开展绿色项目建设和环境保护创新。

政府还可以推动绿色认证制度，鼓励文旅企业取得绿色认证标识，提升其在市场中的竞争力。通过评定绿色旅游景区、绿色酒店和绿色旅游线路等，政府能够形成绿色发展导向，促使整个行业向环保、节能的方向发展。此外，政府还可以支持文旅企业采纳节水、节能、垃圾分类和废物回收等绿色管理模式，降低资源浪费，提升资源使用效率。

在基础设施建设方面，政府应注重生态环境的保护与可持续性发展。在修建旅游基础设施时，应优先考虑生态影响，采用环保材料和技术，减少对自然景观的破坏。政府还可以推动生态保护与旅游开发相结合，鼓励生态旅游项目的建设，保护生态环境的同时促进绿色旅游的消费。

通过综合性的政策措施，政府不仅能够促进文旅行业的绿色转型，还能带动社会各界关注环境保护，推动绿色理念的普及。绿色文旅的发展有助于提升行业整体竞争力，促进可持续的经济增长和环境保护的双赢局面。

第五章

文旅经济的市场与消费者行为

041　文旅产业的主要市场有哪些?

文旅产业作为文化与旅游的融合产业，涉及多个细分市场，涵盖了文化、旅游、休闲、康养等多个领域。根据消费者需求、市场发展趋势和产业形态的不同，文旅产业的主要市场可以大致划分为以下几类：

（一）传统旅游市场

传统旅游市场是文旅产业的核心组成部分，主要包括观光旅游、休闲度假、生态旅游、文化旅游等。

观光旅游市场：这是最基础的旅游市场，游客主要参与景点观光、自然景区和历史遗迹的参访。此类市场通常与当地的自然资源、历史文化资源紧密相关。

休闲度假市场：随着生活水平的提高，休闲度假旅游逐渐成为重要的市场需求。消费者对休闲度假产品的要求从单纯的景区观光发展到更高质量的生活体验，如度假村、高端酒店、温泉和海岛度假等。

文化旅游市场：文化旅游是文旅产业的重要细分市场，

旅游活动通过参观文化遗产、艺术展览、节庆活动等方式，帮助游客深入了解当地文化。包括博物馆游、传统节庆游、艺术之旅等。

（二）康养旅游市场

康养旅游市场是近年来快速增长的一个新兴市场，主要融合健康、养生与旅游，适应现代消费者日益增长的健康需求。

健康旅游：健康旅游主要是通过旅行体验来增强身体健康，涵盖了温泉疗养、健身度假、瑜伽冥想等项目。这一市场针对的是需要放松、恢复身心健康的群体，尤其是中老年人和高收入阶层。

养生旅游：养生旅游注重从中医、自然疗法、食品养生等方面促进游客的健康。通过结合文化传统和现代科技，提供综合性的康养服务，如中医理疗、药膳体验、按摩和冥想等。

（三）文化创意产品市场

文化创意产业是文旅产业中逐渐崭露头角的重要领域，主要涉及文化产品的创新设计和文化产业的延伸，如文创商品、主题公园、影视娱乐等。

文创产品市场：文创产品通过将地方特色文化与现代设计相结合，满足游客对个性化、艺术性产品的需求。例如，结合地方传统手工艺制作的纪念品、文化主题饰品、原创艺术品等，成为游客旅行中的重要购买项目。

主题公园和文化演艺市场：随着家庭旅游和亲子游的兴起，主题公园和文化演艺逐渐成为文化创意市场的重要组成部分。通过融入地方文化、历史背景，主题公园和演艺节目提升了游客的沉浸式体验。

（四）生态旅游市场

生态旅游市场关注人与自然的和谐共生，特别适应当下消费者对绿色、环保和可持续旅游的追求。

自然生态游：包括国家公园、生态保护区、野生动植物保护地等景点。这些地区不仅提供自然景观的观赏体验，还通过环保教育等活动倡导可持续的旅游行为。

绿色旅游产品：随着环保意识的增强，生态旅游产品越来越注重低碳环保、可持续发展等因素，成为旅游者选择旅行目的地的重要考虑标准。

（五）乡村旅游市场

乡村旅游是文旅产业中的重要市场之一，特别是随着乡村振兴战略的实施，乡村旅游市场迅速崛起。

农家乐与乡村体验游：乡村旅游提供了亲近自然、体验农耕生活、感受传统民俗的机会。这类市场的特点是游客可以参与农业生产、品尝乡村美食、体验民宿等传统生活方式。

文化乡村游：随着地方文化的复兴和农业文明的探索，乡村旅游还包括传统节庆、乡村文化展示、手工艺等文化活动，提供更为丰富的文化体验。

（六）老龄化市场与老年旅游市场

随着人口老龄化进程的加速，老年旅游市场逐渐成为一个重要的细分市场，针对老年人的旅游需求不断提升。

老年休闲旅游：此类旅游市场提供专门为老年人设计的旅行产品，如舒适度高的健康旅游、低强度的观光活动等。老年人通常对舒适度和健康有更高的需求，因此，适合老年游客的旅游产品包括温泉度假、康复疗养、文化游学等。

银发经济：老年人群体对旅行的需求逐渐向定制化和专业化方向发展，文旅产业开始推出专门的老年旅游产品和服务，以适应这一群体的消费趋势。

（七）数字文旅市场

随着互联网技术的普及，数字文旅市场迅速发展，尤其是移动互联网、大数据和虚拟现实（VR）等技术的应用，进一步推动了文旅产业的发展。

线上旅游市场：通过在线旅游平台，消费者能够更便捷地选择和预定旅游产品，享受个性化的推荐服务。线上旅游市场的崛起推动了文旅行业的数字化转型。

虚拟旅游体验：随着VR和AR技术的不断进步，虚拟旅游成为未来文旅市场的重要发展方向。游客可以通过虚拟现实技术，体验全球各地的文化和景点，尤其在疫情期间，虚拟旅游市场迅速增长。

总而言之，文旅产业的主要市场涵盖了传统旅游、康养旅游、文化创意、生态旅游、乡村旅游、老年旅游及数字文旅等多个领域。随着消费者需求的不断变化和市场的持续发展，这些市场在未来将更加细化和多元化，推动文旅产业的全面升级和创新发展。

042 消费者对文旅产品的需求变化趋势是什么?

随着经济社会的发展和人民生活水平的提高，文旅消费需求正在发生深刻的变化。当前，人们不再满足于简单的观光游览，而是追求更深层次的精神享受与文化体验。

在文化体验方面，消费者的需求已经从过去的浅层次观光转向深度文化探索。越来越多的人希望通过旅游来感受不同地域的历史脉络、民俗风情和人文内涵。比如，在西安的大明宫遗址公园，游客可以通过沉浸式演出了解盛唐文化；在丽江古城，人们可以参与当地纳西族的东巴文化体验活动。这种深度的文化浸润让旅游不再是走马观花，而是成了真正的文化交流与心灵共鸣。

环保理念的普及也深刻影响着文旅消费选择。如今，越来越多的人开始关注旅行对环境的影响，倾向于选择生态友好的出行方式和住宿产品。民宿经营者纷纷推出“零废弃”“碳中和”概念，景区开发强调原生态保护，这些都反映出消费者对绿色旅游的强烈需求。

在健康养老领域，文旅与康养的结合开辟了新的市场空间。随着人口老龄化加剧，越来越多的老年人希望在旅途中享受健康管理服务。一些度假区开始提供中医养生、温泉疗养等特色项目，将旅游体验与健康养护相结合，满足了特定人群的深层需求。

科技的发展更是为文旅消费注入了新活力。虚拟现实和增强现实技术的应用，让游客可以突破时空限制，在线“游览”敦煌莫高窟的壁画细节，或是“亲临”古代战场感受历史氛围。这种沉浸式的数字体验不仅丰富了旅游形式，也为传统文旅项目赋予了新的生命力。

可以预见，未来的文旅市场将更加注重文化深度、生态环保和科技创新，提供更多元化、个性化的消费选择，更好地满足人民群众日益增长的美好生活需要。

043　如何应对文旅市场的季节性波动？

文旅市场的季节性波动是一个普遍现象，尤其在旅游行业中，淡季和旺季的需求差异往往十分明显。面对这种周期性变化，文旅企业需要采取灵活多样的策略，从多个维度进行调整与优化，以更好地适应市场需求的变化。

首先，多元化产品和服务是应对季节性波动的重要手段。通过开发全年可选择的旅游项目，企业可以有效减少季节性波动带来的影响。例如，在北方地区，滑雪场在冬季吸引大量游客，而在夏季则可以开发滑草、露营等夏季特色活动；南方景区则可以在不同季节推出采摘节、赏花节等活动。此外，结合传统节庆和特殊主题活动也是增加淡季流量的有效方式。比如，在春节期间举办年俗体验活动，在端午节开展包粽子比赛等，不仅丰富了产品内容，还能吸引不同时间段的游客。

其次，灵活运用定价策略能够帮助企业更好地平衡季节性波动带来的收入差异。在旺季，可以采用价格浮动机制，根据市场需求和供给情况适当提高价格；而在淡季，则可以通过推出优惠套餐、折扣票等方式吸引游客。例如，在旅游淡季时，景区可以与酒店合作推出“门票+住宿”打包优惠或者针对学生、老年人等特定群体推出专属折扣。此外，提前预订的促销活动也是一个不错的选择，通过给予早鸟价或预存返现等形式，鼓励游客在淡季前提前规划行程。

加强市场营销和推广是应对季节性波动的另一重要手

段。特别是在淡季，企业需要通过多种渠道加大宣传力度，提升目的地的知名度和吸引力。首先，利用社交媒体平台进行精准营销是一个有效的方法。例如，通过短视频展示景区的独特魅力，发布游客体验故事，或者邀请旅游达人探店带货，都能在淡季保持一定的市场热度。其次，线上推广活动也不容忽视，比如与OTA平台合作推出特色线路、参加直播带货等。此外，大数据分析的应用也至关重要。通过对历史数据的深入挖掘，企业可以更好地了解游客的偏好和出行趋势，并据此制定更有针对性的营销策略。

与此同时，注重提升游客体验和培养客户忠诚度是建立稳定客源的重要途径。在淡季，景区可以通过优化服务流程、丰富活动内容等方式增强游客满意度。例如，在淡季期间推出免费讲解、文化体验课程等增值服务，让游客获得更丰富的游玩体验；或者为回头客提供积分奖励计划，鼓励游客多次光顾。此外，通过建立会员制度、开展粉丝互动活动等方式，企业也能更好地与游客保持联系，培养长期的忠实客户群体。

在应对季节性波动的过程中，文旅企业还需要关注与周边产业的合作。例如，与酒店、餐饮、交通等相关行业进行跨界合作，推出联票或套票产品；或者将景区资源与其他旅游资源相结合，设计多样化的旅游线路。这些举措不仅能够提升游客的整体体验，还能通过资源整合实现共赢发展。

此外，加强淡季的基础设施建设和宣传推广也是必要的。在淡季期间，景区可以对设施设备进行维护升级，为旺季的到来做好充分准备。同时，利用淡季时间开展员工培训，提升服务质量，确保在旺季时能够更好地满足游客需求。

最后，企业还应注重数据分析与市场调研。通过定期收集和分析游客反馈信息，了解市场需求变化趋势，及时调整产品和服务策略。例如，在淡季期间可以举办问卷调查或座谈会，听取游客的意见建议，并根据这些反馈优化服务内容。

总之，文旅市场的季节性波动虽然带来了挑战，但也为企业发展提供了更多机遇。通过多元化的产品开发、灵活的定价策略、精准的市场营销以及优质的游客体验，企业不仅能够有效缓解季节性波动带来的不利影响，还能够在市场竞争中占据更有利的位置，实现更加可持续的发展。

044 旅游产品定制化服务如何提升市场竞争力?

在当今旅游市场中，消费者的消费需求已经从传统的大众化、标准化旅游逐渐向个性化、定制化的方向转变。这种变化不仅反映了人们生活水平的提升和消费观念的升级，更体现了现代游客对旅行体验的更高追求。特别是在社交媒体时代，越来越多的人希望自己的旅程能够与众不同，在朋友圈里留下独特而难忘的记忆。因此，为消费者提供定制化旅游服务，已经成为文旅企业在市场竞争中脱颖而出的重要策略。

（一）满足个性化需求：让每一次旅行都成为独特的记忆

定制化旅游的核心价值在于“以人为本”的服务理念。每个游客都有自己独特的兴趣爱好、预算范围和时间安排，传统的“一刀切”式旅游产品已经难以满足这些多元化的需求。通过深入了解每位客户的偏好，文旅企业可以量身打造专属的旅行方案。

例如，对于喜欢摄影的游客，可以设计一条以取景地打卡为主的路线；而对于追求文化体验的客人，则可以选择深度探访当地的历史古迹和民间艺术。这种细致入微的服务不仅能满足消费者的即时需求，更能让他们感受到被重视和尊重的感觉。

更重要的是，在定制过程中，企业可以通过与客户的深入沟通，发现更多潜在需求。比如为带孩子的家庭设计亲子互动环节，或为老年游客提供更适合他们身体条件的行程安排。这些细节上的用心，往往能够带来意想不到的效果。

（二）细分市场：精准定位赢得发展先机

在旅游市场中，不同消费群体的需求差异很大。年轻人可能更看重时尚和新奇体验，而中老年人则更关注舒适度和安全性；家庭游客需要兼顾孩子的兴趣，商务旅行者则对交通便利性和服务品质有更高要求。

通过定制化服务，文旅企业可以实现更精准的市场细分。比如针对蜜月情侣推出浪漫专线，为亲子家庭设计寓教于乐的产品，或为退休群体开发适合其节奏的慢旅行项目。这种差异化策略不仅能更好地满足特定群体的需求，还能避免与竞争对手正面的价格战。

在具体操作中，可以通过大数据分析来把握不同消费群体的特点。比如通过社交媒体互动、问卷调查等方式收集客户偏好信息，建立详细的用户画像，从而更精准地进行市场定位和产品设计。

（三）创造价值：从价格竞争转向价值竞争

定制化服务为文旅企业带来的不仅是市场份额的提升，更重要的是创造了更高的商业价值。在传统旅游市场上，各家企业往往陷入同质化竞争的怪圈，通过降低价格来吸引客户。而随着市场成熟度提高，消费者越来越愿意为独特体验买单。

从经济效益来看，定制化产品通常能实现更高的收入。由于服务内容的独特性和附加值，这类产品的定价可以显著高于标准化产品。同时，因为客户需求明确、预期管理到位，客户的满意度和复购率也更高。

更关键的是，这种商业模式能够形成良性循环。通过积累优质客户资源，企业可以获得稳定的现金流；而持续优化的定制服务又能带来更好的口碑效应，吸引更多潜在客户。这样的发展模式，显然比单纯的价格竞争更为可持续。

（四）塑造品牌：品质服务赢得市场信赖

在激烈的市场竞争中，品牌形象和口碑是决定企业成败的关键因素。通过提供高品质的定制化服务，文旅企业可以树立起专业、用心、值得信赖的品牌形象。

当企业能够持续为客户提供超出预期的服务时，自然会积累良好的口碑效应。这些正面评价不仅能够吸引更多新客户，还能降低企业的营销成本。更重要的是，建立了优质的服务品牌后，企业在议价能力、合作伙伴选择等方面都将拥有更大的主动权。

在具体实践中，可以通过建立专业的服务团队、完善售后服务体系等方式来提升服务质量。比如设立专门的定制顾问，为客户提供全程跟进服务；建立快速响应机制，及时解决客户问题等。这些细节上的投入，终将在品牌价值上获得回报。

（五）以客户需求为导向实现共赢发展

定制化旅游服务不仅是一种市场策略，更体现了文旅企业对客户需求的深刻理解和尊重。通过提供个性化的产品和服务，企业能够在激烈的市场竞争中找到自己的定位，赢得客户信赖。

对于消费者而言，这种服务模式让他们能够获得更加丰富、独特的旅行体验，真正实现“我的旅程我做主”的美好愿景。而对于企业来说，则能够通过创造更高的商业价值，在市场中占据更有利的竞争位置。

可以预见，在未来旅游市场上，能够准确把握客户需求并提供个性化服务的企业，必将赢得更大的发展空间。这不仅符合市场发展的趋势，也是文旅行业转型升级的必由之路。

045　旅游品牌如何打造与市场定位？

在当今竞争激烈的旅游市场中，品牌打造与精准定位已经成为企业制胜的关键。一个成功的旅游品牌不仅能吸引目标客户的目光，更能深入消费者内心，建立起独特的情感连接。而这需要企业在市场定位、品牌形象塑造、创新能力和传播策略等多个方面下功夫。

（一）找准方向：明确品牌定位是成功的第一步

品牌的定位就像企业的指南针，决定着未来发展的方向。在确定品牌定位时，需要综合考虑市场需求、目标群体特征以及市场竞争态势。例如，在高端旅游市场中，可以强调“奢华体验”和“独特定制”，而在大众旅游市场，则可以主打“性价比”和“品质保障”。

明确的定位不仅帮助企业找到差异化的竞争优势，也为后续的品牌传播和产品开发提供了清晰的方向指引。更重要的是，这种定位需要保持一致性，从品牌形象到服务理念，都要围绕这一核心展开。

（二）讲好故事：品牌文化是打动人心的关键

一个有温度、有深度的品牌故事，往往能引发消费者的共鸣。这不仅是关于品牌的创立背景或发展理念，更是一个能够打动人心的故事。比如，可以讲述品牌创始人对旅行的热爱与执着，或者品牌如何通过创新服务为客户创造惊喜。

同时，将地方特色文化融入品牌建设中，也是一个非常有效的策略。无论是挖掘当地的历史人文，还是展现独特的自然景观，都能让品牌更具独特性和吸引力。通过这些元素，能够建立起消费者与品牌的深层情感连接。

（三）以变求新：持续创新是保持活力的秘诀

在旅游行业这片红海中，唯有不断创新才能脱颖而出。这种创新不仅体现在产品开发上，更贯穿于服务模式、营销手段等各个方面。比如，可以尝试推出定制化旅行套餐，或者利用新技术提升客户体验。

更重要的是，在产品和服务设计时，要始终关注消费者需求的变化趋势。通过市场调研和数据分析，及时捕捉消费者的偏好变化，并快速做出响应。这种以客户需求为导向的创新思维，是品牌保持活力的关键所在。

（四）多管齐下：构建全方位传播矩阵

品牌的影响力需要通过有效的传播才能被更多人认知。建立起多渠道、多平台的传播矩阵。例如：

社交媒体运营：通过短视频、图文等形式展示品牌特色。

KOL合作：借助网红和旅游达人的影响力扩大传播范围。

口碑营销：鼓励老客户分享旅行体验，形成裂变效应。

在传播过程中，还需要注重与消费者的互动。及时了解客户的反馈意见，并将其融入产品和服务的改进中。这种双向沟通机制，不仅能够提升客户满意度，也能帮助企业更好地把握市场脉搏。

（五）用真诚打动人心

旅游品牌的建设是一个长期而持续的过程，在每一个细节上用心打磨。从定位到传播，从创新到服务，都要始终坚持以客户需求为导向，以情感连接为纽带。只有这样，才能打造出一个真正具有生命力和影响力的品牌，在激烈的市场竞争中脱颖而出。

未来的旅游业必将更加注重品质和服务，要不断突破自我，追求卓越。用真诚打动每一位旅行者的心，共同书写属于这个时代的品牌故事。

046 文旅消费者的行为特征有哪些？

文旅消费者的行为特征是一个充满温度与深意的话题。在这个快速发展的时代，人们已经不再满足于简单的观光游览，而是渴望通过旅行获得更加独特、深刻的情感体验。从某种程度上说，文旅消费已经成为一种生活态度的表达方式，折射出人们对美好生活的向往和追求。

（一）个性化需求：寻找独特的自我表达

现代消费者在文旅选择上展现出强烈的个性化倾向。这不仅体现在他们对旅行目的地的选择上，更表现在对整个旅行体验的期待中。越来越多的人开始厌倦千篇一律的旅游套餐和标准化的服务模式，转而寻求能够彰显个人品味与兴趣的专属体验。

有人喜欢沉浸在艺术氛围浓厚的城市角落，探寻隐藏的艺术展览；也有人偏爱深入自然腹地，感受原始生态的魅力。这种多元化的需求背后，是对独特性与差异化的强烈渴望。消费者希望通过旅行找到属于自己的故事，在探索中发现不一样的世界。

（二）体验导向：从观光到心灵的浸润

现代文旅消费已进入“体验经济”时代。人们不再满足于走马观花式的游览，而是希望获得更加深度和沉浸式的文化体验。这种转变体现在他们对目的地的选择上——

不仅关注景点的知名度，更看重当地文化的独特性和参与感。

一位热爱摄影的旅行者可能会选择在云南的古村落驻足，在晨光中捕捉老屋檐下的生活气息；而一个热衷美食的人，则会执着于寻找地道的小巷餐馆，体验最真实的风土人情。这种对体验深度的追求，让文旅消费变得更有温度和意义。

（三）情感驱动：旅行中的心灵慰藉

文旅消费往往与个人情感紧密相连。人们选择旅行不仅是为了一睹世界的美好，更是为了在旅程中寻找心灵的慰藉与放松。不同群体的情感需求各不相同：

老年人群体偏爱康养型旅游，在自然环境中舒缓身心；

年轻人则倾向于社交属性强的主题活动，在旅途中结识新朋友、拓展社交圈；

家庭游客更看重亲子互动，希望通过旅行增进家庭成员之间的情感联结。

这种情感驱动的消费特征，让文旅产品不仅仅是简单的服务提供，而是一种能够触动人心的精神享受。

（四）数字化赋能：重塑消费决策方式

互联网技术的发展深刻改变了消费者的决策模式。在线预订平台不仅提供了极大的便利性，更通过大数据分析和智能推荐，帮助消费者发现更多符合个人偏好的选择。同时，虚拟现实等新技术的应用，让人们对目的地的预览更加直观，极大地提升了消费体验。

在这个信息爆炸的时代，消费者在做出文旅选择时会参考海量的信息和真实的用户评价，这种“去中心化”的决策方式，使得市场反馈对产品优化的重要性愈发凸显。

文旅消费者行为特征的变化，实质上反映的是人们对美好生活的更高追求。从个性化需求到体验导向，从情感驱动到数字化赋能，这些趋势都在提醒：文旅产品的设计需要更加贴近人性、关注细节。

未来的文旅发展，必将是“以人为核心”的全方位提升过程。只有真正理解并满足消费者内心深处的情感诉求，才能在这个竞争激烈的市场中脱颖而出，创造出让人心动的独特体验。这不仅是行业的机遇，更是责任与使命。

047 消费者的环保意识对文旅产业有何影响?

在全球环境问题日益严峻的背景下，消费者的环保意识正在深刻影响文旅产业的发展方向。近年来，人们逐渐意识到旅游业对生态环境造成的负面影响，从过度开发到资源浪费，从环境污染到生态破坏，这些问题不仅威胁着自然系统的平衡，也损害了人类自身的生存环境。在这样的大背景下，越来越多的消费者开始将环保理念融入旅游决策中，这使得文旅行业不得不重新审视自身的运营模式和发展方向。

（一）环保意识觉醒：消费者选择的新维度

当代消费者的环保意识已经从单纯的口号转变为实际行动。人们在选择旅游产品时，不再仅仅关注价格和服务质量，而是更加注重企业的环保责任和可持续发展能力。这种转变体现在方方面面：在住宿选择上，越来越多的人倾向于节能环保的酒店或生态民宿；在交通方式上，低碳出行、绿色交通成为首选；在景区游览中，游客更愿意支持那些实施生态保护措施的目的地。

这种消费观念的变化并非一时兴起，而是源于人们对环境保护的责任感和对可持续未来的期待。消费者开始主动关注企业的环保资质和认证，例如是否获得绿色标志、是否采用可再生能源等，这些因素已经成为影响他们决策的重要标准。这种趋势促使文旅企业不得不重新思考如何在发展过程中实现经济效益与生态效益的平衡。

（二）从被动应对到主动创新：文旅企业的绿色转型

面对消费者日益增强的环保意识，文旅企业开始采取积极措施，将绿色发展融入产品和服务中。旅游景区纷纷引入可持续发展理念，通过优化运营模式减少对环境的影响。例如，一些景区开始限制机动交通工具的使用，鼓励游客步行或骑行游览；有的地方则大力推广电瓶车、新能源汽车等低碳出行方式。

在住宿领域，绿色酒店和环保型民宿成为新的发展方向。这些场所不仅采用节能设备和可再生能源，还通过减少一次性用品的使用、实施垃圾分类回收等方式降低环境负担。甚至一些高端度假村开始将生态保护作为核心理念，打造“零废弃”“碳中和”等特色项目。

更令人欣喜的是，这种环保理念的融入并非简单的形式主义，而是深入企业的运营细节之中。从建筑设计到日常管理，从产品开发到服务流程，企业都在努力实现绿色发展目标。这种转型不仅满足了消费者的需求，也为企业赢得了良好的社会声誉和品牌价值。

（三）环保溢价：价值观念的重塑与提升

环保意识的增强还带来了消费行为的变化。越来越多的消费者愿意为符合可持续标准的产品和服务支付更高价格。这种“环保溢价”现象说明，人们不再将旅游视为单纯的消费行为，而是希望通过自己的选择表达对环境保护的支持和承诺。

在这种趋势下，绿色旅游、生态保护、文化遗产保护等概念逐渐成为市场竞争的关键点。企业开始将环保理念作为品牌核心价值进行塑造，并通过各种方式传递其社会责任感。这种策略不仅能够吸引具有环保意识的消费者群体，也有助于提升品牌形象和社会影响力。

（四）可持续发展：文旅产业的必然选择

消费者的环保意识正在推动文旅产业向可持续发展模式转型。这一趋势不仅是应对环境问题的需要，更是行业发展的重要机遇。通过绿色创新和生态保护实践，企业可以实现经济效益与社会效益的双赢。

展望未来，环保理念将继续塑造文旅行业的面貌。从产品设计到服务提供，从市场营销到品牌建设，环保将成为一个不可忽视的重要维度。这种变革不仅是对传统发展模式的修正，更是一次价值观念的升级。

在这个过程中，企业需要更加积极地承担起环境保护的责任，将绿色发展理念贯穿于经营的各个环节。同时，消费者也需要继续用行动支持那些真正践行环保理念的企业，共同推动行业向可持续方向发展。只有这样，文旅产业才能实现长远健康发展，在为人们带来美好体验的同时，也为地球的未来贡献力量。

总之，消费者的环保意识正在重塑文旅行业的未来图景。这不仅是一次简单的市场调整，更是一场关于责任与担当的价值革命。在这个变革的过程中，每个人都应该成为参与者和推动者，共同守护赖以生存的美好家园。

第六章

文旅经济的数字化与创新技术

048 大数据如何推动文旅经济的个性化服务?

在当今数字化浪潮席卷全球的背景下，大数据技术正在成为推动文旅产业升级的重要引擎。通过采集、解析并运用海量数据，文旅企业得以洞察消费者的深层需求，为用户提供量身定制的服务体验。

大数据技术让文旅企业拥有了“透视消费者心灵”的能力。通过对游客的历史行为、搜索记录、社交媒体互动等多维度数据的深度挖掘，企业能够清晰勾勒出不同消费群体的画像。一个热爱户外运动的年轻旅行者与一位寻求文化体验的中年游客，他们的需求显然大相径庭。基于这些精准洞察，文旅企业可以有的放矢地设计产品。比如，为喜欢探险的游客推荐徒步路线和专业装备租赁服务，而为注重休闲的家庭游客提供亲子活动套餐和舒适住宿选择。

这种个性化服务能力不仅体现在产品推荐上，在预订流程中也得到了充分体现。系统会根据用户的过往偏好，智能推送最可能感兴趣的酒店、餐厅和景点信息。想象一下，当你计划一次旅行时，系统已经为你贴心地准备好了符合口味的食宿安排，这样的体验怎能不令人欣喜？

在价格策略方面，大数据同样发挥着神奇的作用。传统的定价模式往往过于僵化，难以适应市场波动。而通过实时分析供需关系、季节变化和用户支付能力等数据，企业能够实现灵活的价格调整。比如，在旅游旺季适当上调热门景点门票价格，而在淡季则推出更多优惠吸引游客。这种动态定价机制既提高了资源利用效率，也让消费者获得了更合算的选择。

大数据还为文旅产品的创新提供了源源不断的灵感。通过分析社交媒体话题、用户评价和搜索热词等信息，企业能够敏锐捕捉到新兴的旅游趋势。比如，当某个冷门景点突然在网络上走红，相关企业可以迅速开发相应的旅游线路，并向潜在客户推送相关信息。这种快速响应能力让企业始终站在市场前沿。

服务质量的提升是大数据应用的另一个重要领域。通过实时收集游客对住宿、交通、餐饮等各环节的反馈信息，企业能够及时发现服务中的不足之处。例如，如果多家酒店都收到关于早餐种类单一的抱怨，相关部门就会迅速调整菜单，增加更多健康和多样化选项。这种即时反馈机制让服务质量持续改进成为可能。

可以预见，随着大数据技术的进一步发展，文旅行业将迎来更加美好的未来。个性化服务将越来越精准，用户体验将不断提升，企业运营效率也将得到显著改善。这不仅为消费者带来了实实在在的好处，也为整个产业注入了新的活力。在这个数据驱动的时代，谁能更好地利用数据资源，谁就能在激烈的市场竞争中占据先机。

049　人工智能如何提升文旅产业的运营效率?

在当今快速发展的数字时代，人工智能正以前所未有的方式重塑文旅产业的运营模式。它不仅极大地提升了服务效率，更为游客带来了更加智能、便捷和个性化的旅行体验。通过自动化、智能化以及精准的数据分析等手段，人工智能正在全方位地优化文旅产业链的各个环节，推动整个行业向更高效、更优质的方向发展。

在客户服务领域，人工智能的应用堪称一大亮点。24小时在线的智能客服系统，不仅能够实时响应游客的各种咨询需求，更能通过自然语言处理技术提供专业、贴心的服务体验。想象一下，当你计划一次旅行时，只需简单对话，AI就能为你推荐合适的路线、预订酒店或解答各种问题。这种无缝衔接的服务模式，让游客感受到前所未有的便利与高效。

更令人惊喜的是，智能客服还能通过深度学习不断优化服务质量。它会根据每位用户的偏好和需求，提供个性化建议，甚至在预订过程中主动提醒需要注意的事项，真正做到“想用户之所想”。这种方式不仅大大减轻了人工客服的工作压力，更为景区和酒店节省了大量人力成本，提升了整体服务品质。

而在数据分析方面，人工智能展现出了强大的洞察力。通过对海量游客行为数据的挖掘与分析，AI能够精准预测市场趋势和游客偏好。例如，当某个新兴景点在网络上逐渐走红时，AI系统会及时捕捉到这一变化，并帮助景区提前做好接待准备。这种前瞻性的分析能力，让文旅企业能够更好地把握市场机遇，实现资源的最优配置。

在运营管理层面，人工智能同样发挥着不可替代的作用。通过物联网和传感器技术，AI可以实时监控景区的人流密度、设施状态以及环境变化等关键数据。例如，在节假日客流高峰期，系统会自动发出预警，并建议采取分流措施，有效预防拥挤踩踏事件的发生。这种智能化的管理手段，不仅提升了游客的安全感，也确保了游览体验的舒适度。

值得一提的是，人工智能在动态定价和智能推荐系统的应用也为文旅行业带来了革新。传统的固定价格模式往往难以适应市场波动，而AI系统则可以通过实时监测供需关系、季节变化等因素，自动调整最优价格，帮助景区实现收益最大化。同时，基于用户的历史行为数据，智能推荐系统能够为每位游客量身定制专属的旅行方案，从景点游览顺序到餐饮选择，都能做到恰到好处。

更令人期待的是，人工智能还在不断进化中。随着技术的进步，未来的AI系统将具备更强的学习能力和创造力，能够提供更加智能化的服务。比如，在规划旅行时，AI不仅会推荐热门景点，还会根据用户的兴趣爱好，挖掘一些小众但独特的体验项目。这种“量身定制”的旅行方案，会让每一次出行都充满惊喜与新意。

可以说，人工智能正在为文旅产业带来一场静悄悄的革命。它不仅提升了运营效率，优化了服务流程，更为游客创造了一个更加智能、便捷和个性化的旅行世界。在这个科技赋能的时代，谁能更好地拥抱人工智能技术，谁就能在激烈的市场竞争中占据先机，赢得更多消费者的青睐。

展望未来，随着5G、大数据、云计算等新一代信息技术的持续发展，人工智能在文旅领域的应用前景将更加广阔。可以期待，未来的旅行将会变得更加智慧和人性化，在享受科技进步带来的便利的同时，也让每一次出行都成为一次难忘的美好体验。

050 区块链技术在文旅经济中的应用是什么？

随着区块链技术的不断成熟，这项革命性的创新正在悄然改变文旅产业的方方面面，展现出令人期待的发展前景。

在支付环节中，区块链带来的变革尤为显著。想象一下，在异国他乡的街头，游客只需轻点手机就能完成跨境支付，而无须再为烦琐的汇率转换和高昂手续费烦恼。区块链技术通过去中心化的支付网络，实现了资金的快速流转，大大提升了支付效率和安全性。

更值得关注的是，区块链正在重塑旅游资源的共享模式。传统的旅游业往往存在着信息不对称、服务透明度低等问题。借助区块链技术构建的去中心化账本系统，每笔交易记录都被永久保存且不可篡改，这不仅提高了供应链的透明度，还有效减少了假冒伪劣产品的流通。更重要的是，这种新型模式跳过了传统中介环节，让游客能够直接与服务提供商建立联系，在降低交易成本的同时，也提升了服务质量。

在文旅产业中，版权保护一直是一个棘手的问题。区块链技术为这一难题提供了一个创新的解决方案。无论是独特的艺术作品、创意设计还是珍贵的旅游纪念品，都可以通过区块链进行数字化确权和验证。这种机制不仅确保了原创内容的所有权归属，还构建起了一道防止盗版侵权的数字防线。

数据安全与共享是文旅产业升级的重要支撑。区块链技术为游客信息和旅游历史数据提供了一个安全可靠的存储方案。更重要的是，在获得用户授权的前提下，这些数据可以在不同文旅服务平台间实现互联互通，从而为用户提供更加精准、个性化的服务体验。

可以预见，随着区块链技术的深入应用，文旅产业将迎来一次全方位的革新。从支付结算到资源共享，从版权保护到数据分析，这项技术正在构建一个更加透明、高效和安全的行业生态。这不仅为游客带来了更好的消费体验，也为文旅企业创造了新的发展机遇。未来，随着更多创新应用场景的不断涌现，区块链必将在文旅经济中发挥出更大的价值。

051 无人驾驶与自动化技术如何在旅游业中应用？

随着科技的进步，无人驾驶与自动化技术正逐步走进人们的生活。并为旅游业带来翻天覆地的变化。这些创新技术不仅改变了游客的出行方式，更为整个行业注入了新的活力。

在城市交通和景区游览中，无人驾驶技术展现出独特的优势。想象一下，在繁忙的机场或热门景点，智能驾驶车辆随时待命，只需一部手机即可完成预约和接送服务。这些自动化交通工具不仅免去了传统自驾游中的停车烦恼，还能根据实时路况自动规划最优路线，让游客将更多精力投入享受旅程中。更重要的是，无人驾驶系统能够全天候稳定运行，大大降低了交通事故风险，为出行安全提供了有力保障。

技术的进步也为旅游体验带来了无限可能。近年来，“移动酒店”的概念逐渐从构想走向现实。这些自动驾驶的智能车辆不仅提供舒适的住宿环境，还集成了个性化的服务功能。游客可以在车内通过智能系统享受专属导游讲解、特色餐饮和娱乐项目，真正实现“住行一体化”的便捷体验。

自动化技术在旅游服务领域的应用同样令人期待。如今，越来越多的景区和酒店开始引入智能机器人，承担起客房清洁、行李搬运和客务接待等工作。这些高效能的服务型机器人不仅降低了人力成本，还能为游客提供24小时不间断的贴心服务。无论是语言翻译还是路线咨询，都能以更快的速度、更高的准确率满足需求。

可以预见，无人驾驶与自动化技术将继续推动旅游业向着更加智能、便捷的方向发展。从出行方式到住宿体验，从景区服务到行程安排，这些创新技术正在重塑整个行业的未来图景。随着相关应用的不断深化，游客将享受到更高效、更灵活、更个性化的旅行体验，而旅游业也将由此进入一个全新的发展阶段。

052 文化产品的数字化如何影响文旅产业？

文化产品的数字化浪潮正在重塑文旅产业的未来图景。这场变革不仅让传统文化焕发新生机，更打开了一个全新的可能性空间。通过数字技术，文化的传播不再受制于地域与时间的局限，为文旅产业注入了新的活力。

数字技术的魅力在于它打破了文化传播的物理边界。无论是古老的典籍、珍贵的艺术品还是宏伟的建筑，都能在虚拟世界中获得新生。借助数字化平台，人们足不出户就能欣赏世界各地的文化瑰宝——故宫博物院的虚拟展览让人们“漫步”在紫禁城的每个角落，敦煌莫高窟的数字复原让千年壁画焕发新颜。这种开放性不仅让更多人有机会接触到优质文化资源，也为文旅产业打开了新的市场空间。

在这场变革中，个性化服务成为最大亮点。数字化工具能够精准捕捉用户的兴趣偏好，为每个人量身定制独特的文化体验。比如，在线平台会根据你的历史浏览记录推荐你感兴趣的艺术展览或文化活动；通过VR/AR技术，游客可以“穿越”到历史场景中，与古代建筑、文物进行互动。这种沉浸式的文化体验大大提升了参与感和趣味性。

更令人期待的是文旅产业的跨界融合正在加速。数字技术让文化与旅游的关系更加紧密。社交媒体平台上，精美的短视频让人们直观感受到目的地的文化魅力；直播镜头里，传统戏曲表演走出剧场，在网络空间赢得更多观众。这种创新传播方式不仅拓展了文化的受众群体，也为文旅产品创造了更多价值。

在这个数字化时代，文化不再仅仅是静态的展品或文字记录，而是可以被触摸、被体验的活态存在。这种转变不仅让古老的文化焕发新机，更为文旅产业带来了前所未有的发展机遇。未来，随着技术的不断进步，有理由相信：文化的魅力将在数字世界中得到更完美的展现，为人们创造更多元化的文化体验。

053　智慧旅游如何提升游客的体验?

在物联网、大数据和人工智能等高新技术的深度融合下，现代旅游业正在经历一场深刻的变革。这种创新不仅改变了传统的服务模式，更为游客带来了前所未有的旅行体验——更加便捷、更具个性化，也更富互动性。

通过精准的大数据分析，智慧旅游系统能够深入洞察每位游客的独特需求。基于用户的浏览记录、消费习惯和偏好，平台会智能推荐最符合个人兴趣的行程安排、餐饮选择以及住宿方案。例如，热爱自然风光的游客会收到定制化的户外探险路线建议，而钟情历史文化的旅行者则会获得专属的文化遗产深度游推荐。

在这场数字化革命中，科技正重新定义着旅游服务的边界。智能手机应用不仅提供实时景区信息和智能导航，更通过AR技术让游客沉浸在虚实结合的奇妙体验中。无论是热门景点的人流预警、最佳观赏角度提示，还是即时翻译服务，这些智能化功能都在为旅行者打造无缝衔接的服务闭环。

作为智慧旅游的重要组成部分，景区管理也在经历一场效能革命。借助物联网技术，管理者能够实时监控客流量和区域分布情况，在节假日等高峰期及时调整疏导方案，避免过度拥挤带来的安全隐患。这种科学化管理不仅提升了游客的安全感和舒适度，更为景区的可持续发展提供了有力支撑。

在这场科技与文旅融合的创新实践中，一个更加人性化、更具效率的旅游服务新图景得以见证。通过技术赋能，智慧旅游正在打破传统模式的桎梏，在提升游客体验的同时，推动整个产业向着更高层次迈进。这种变革不仅体现在服务方式的更新迭代上，更预示着一个更加智能、更具想象力的文旅未来即将到来。

054 移动支付与智能导览如何改变文旅产业？

科技正在悄然改变人们的生活方式，也在重新定义现代旅游的内涵。在这个数字化时代，移动支付和智能导览等创新技术正以前所未有的方式重塑游客的消费习惯和游览体验，为文旅产业注入新的活力。

在传统旅游场景中，排队购票、现金交易常常给游客带来诸多不便。而今，随着移动支付的普及，这种状况得到了彻底改善。游客只需轻轻一点，即可完成门票购买、餐饮消费和商品采购等各项支付需求。支付宝、微信支付等便捷支付方式不仅简化了消费流程，更让旅行变得更加轻松愉快。

这场支付革命同样为景区运营带来了深远影响。通过实时数据分析，景区管理者能够精准掌握游客的消费行为特征，从而制定更具针对性的营销策略。当系统检测到某位游客对特定类型的文创产品表现出浓厚兴趣时，精准推送相关优惠信息就变得水到渠成。

智能导览系统的出现，则为文旅体验注入了更多可能性。借助GPS定位、语音识别和增强现实等先进技术，智能导览能够为每位游客量身定制专属游览方案。无论是艺术爱好者还是历史迷，都能根据个人兴趣选择最适合的参观路线。更令人惊喜的是，在欣赏展品时，通过扫描二维码即可获取详尽的背景介绍和生动的历史故事，让游览过程充满趣味性和知识性。

这种智能化服务不仅提升了游客体验，也为景区管理提供了有力支持。实时客流监测系统能够帮助管理者及时调整运营方案，优化服务资源配置。当某一区域人流量激增时，智能导览会自动引导游客前往相对空闲的展区，既保障了游览秩序，也提升了整体服务质量。

在支付与导览技术持续创新的推动下，文旅产业正在经历一场深刻的变革。从购票消费到参观游览，每一个环节都在变得更加高效、便捷和个性化。这种改变不仅体现在服务方式的革新上，更预示着一个更加智能、更具活力的文旅新时代即将到来。可以预见，在不久的将来，科技与文化的深度融合必将带来更多精彩纷呈的创新体验。

055　云计算如何助力文旅企业的数字化管理？

在数字经济蓬勃发展的今天，云计算技术正在成为推动文旅企业数字化转型的核心动力。这场技术革新不仅带来了效率的提升，更开启了管理方式和商业模式的深刻变革。

对于文旅企业而言，云计算的价值远超传统 IT 基础设施的范畴。它提供了一个弹性、智能的数字平台，让企业的数据资产得到充分释放。通过云端部署，企业能够打破时空限制，在统一平台上实现资源的高效整合与共享。无论是景区票务系统、预订平台，还是会员管理系统，都能够在云环境中顺畅运行，形成完整的数字化服务闭环。

这种变革带来的好处是显而易见的。在管理层面，云计算让数据的价值得到了充分挖掘。企业能够实时获取游客行为数据，并通过智能分析生成有价值的洞察。这些信息不仅帮助企业优化运营策略，更支持精准营销和个性化服务。比如，系统可以根据游客的历史行为推荐感兴趣的产品，或是在特定节点发送定制化优惠信息，从而提升客户黏性和满意度。

云计算的弹性扩展特性为企业应对业务波动提供了有力保障。在旅游旺季或大型活动期间，企业可以快速调配计算资源，确保服务质量不受影响。这种按需使用的模式不仅降低了初期投资成本，更让企业在IT资源管理上更加灵活高效。

在与第三方平台的对接方面，云计算同样发挥着桥梁作用。通过标准化接口和API服务，企业能够轻松整合支付、预订、票务等外部资源，构建起完整的数字化生态体系。这种无缝连接不仅提升了业务处理效率，更优化了用户体验。

从更宏观的角度看，云计算正在重塑文旅产业的运营模式。它让数据真正成为企业的核心资产，推动管理决策走向智能化和精准化。在不远的未来，随着5G、物联网等技术与云计算的深度融合，文旅企业的数字化转型必将迈入新的发展阶段。这种变革不仅关乎效率提升，更将重新定义企业与客户之间的关系，开启智慧文旅的新篇章。

056　5G技术如何推动文旅经济的发展？

数字技术的迅猛发展正在重塑文旅行业的未来图景。作为新一代移动通信技术，5G不仅带来了更快的数据传输速度，更开启了文旅体验和运营模式的全面革新。这场技术革命正以前所未有的方式推动着旅游业的数字化转型。

对于广大游客而言，5G带来的最直观变化是体验的全面提升。借助超高速网络传输和极低时延的特点，5G为沉浸式游览创造了完美条件。无论是世界文化遗产地还是遥远的历史场景，都可以通过VR/AR技术实现身临其境般的呈现。在5G网络的支持下，虚拟游览将不再受制于带宽限制，游客可以享受到更加真实、流畅的数字体验。

5G对旅游服务智能化的赋能同样显著。从智能导览到实时信息推送，从景区交通调度到停车场管理，5G技术为这些应用场景提供了可靠的技术支撑。借助5G的高速率和大连接能力，景区能够实现更精准的人流监测和资源调配，让游客在游览过程中享受更加贴心的服务。实时导航、多语种语音讲解、动态信息更新等服务都将变得更加流畅和便捷。

在景区运营层面，5G技术为精细化管理提供了可能。通过5G物联网设备的广泛应用，景区可以实现对客流量的实时监测和智能分析，从而优化资源配置，提升管理效率。结合人工智能算法，管理者能够更准确地预测游客需求，制定更具针对性的服务方案，提升运营效能。

对于文旅内容的创作和传播而言，5G开启了全新的可能性。超高清视频传输、8K直播等技术的应用，使得景区可以将更加生动、震撼的内容呈现给全球观众。通过5G+VR的组合，旅游机构能够制作出更具吸引力的宣传素材，让潜在游客足不出户就能感受目的地的魅力。

这场由5G引发的技术变革正在重塑文旅产业的方方面面。它不仅优化了游客体验，提升了服务效率，更重要的是为行业创新开辟了广阔空间。随着5G技术与人工智能、大数据等其他数字技术的深度融合，文旅行业的数字化转型将迈向更高层次。在不远的未来，一个更加智慧、更具活力的文旅新时代即将全面到来。

057　如何利用数字化技术提高文化遗产的保护水平?

在这个快速发展的数字时代，一项重大的文化使命正在悄然展开——用数字化手段保护和传承人类文明的瑰宝。随着科技的进步，数字化技术正成为文化遗产保护领域不可或缺的重要工具，为这一古老事业注入了新的活力与希望。

三维扫描技术、虚拟现实（VR）以及增强现实（AR），这些曾经只存在于科幻想象中的工具，如今已成为文化遗产保护者的得力助手。通过高精度的三维扫描，历史建筑、文物古迹的每一个细节都能被完整记录，生成精确的数字模型。这不仅为学术研究提供了珍贵的数据支持，更为重要的是，它创造了一种全新的文化体验方式。

在故宫博物院，游客们已经可以通过VR设备“穿越”回明清时期，身临其境地感受紫禁城的辉煌；在敦煌莫高窟，AR技术让褪色的壁画重现光彩，观众可以清晰看到千年前的色彩斑斓。这些创新性的展示方式，不仅让文化遗产“活”了起来，更重要的是，在保护文物本体免受损害的同时，让更多人有机会亲近历史、了解文化。

在数据保存方面，数字化技术展现出独特优势。通过建立完整的数字档案管理系统，文化遗产的相关信息得以系统化存储，并借助云计算实现远程访问和共享。这意味着即使面对自然灾害或人为破坏，这些珍贵的文化记忆也不会永远消失。同时，这些数字化资料为文物的修复工作提供了重要的参考依据，让修复过程更加科学、精准。

数字化技术的另一大贡献，在于它大大拓展了文化遗产的传播渠道。通过数字平台和社交媒体，世界各地的人们可以随时随地欣赏到不同文明的艺术成就。法国卢浮宫的《蒙娜丽莎》、埃及开罗博物馆的木乃伊、中国秦始皇陵的兵马俑，这些曾经遥不可及的文化瑰宝，如今只需一部手机就能轻松观赏。

这种数字化传播方式不仅突破了地域限制，更重要的是激发了公众参与文化遗产保护的热情。越来越多的年轻人开始关注传统文化，并参与到保护工作中来。一些数字平台还开发了互动项目，让参与者可以亲身“体验”文物保护的过程，这种沉浸式的体验大大增强了人们对文化遗产的认同感和责任感。

数字化技术正在重塑文化遗产保护的方式与内涵。它不仅为珍贵的文化遗产提供了更安全、更持久的保存方式，也为它们注入了新的生命力。在这个数字化时代，有理由相信，通过科技的力量，人类文明的瑰宝将得到更好的传承，继续照亮未来的道路。

058　虚拟现实和增强现实在文旅产业中应用的未来趋势是什么？

虚拟现实（VR）和增强现实（AR）技术在文旅产业中的应用，正在为游客带来全新的体验，同时也为文旅产业的创新和发展开辟了广阔的前景。随着技术的不断进步，虚拟现实和增强现实的应用在文旅产业中的未来趋势将展现出更大的潜力，推动产业向更加智能化、互动化、个性化的方向发展。

（一）沉浸式体验的普及

虚拟现实技术能够创建完全虚拟的环境，增强现实技术则将虚拟元素叠加到现实世界中，两者都能为游客提供更加沉浸式的旅游体验。未来，随着设备的普及和成本的降低，游客将能够通过VR和AR设备在旅游目的地外体验虚拟的旅游项目，甚至可以通过VR参观世界各地的名胜古迹，而不需要实际前往。这不仅能够增强游客的体验感，还可以为旅游景区提供更多的观众。

（二）文化遗产的数字化和虚拟展示

虚拟现实和增强现实技术在文化遗产保护和展示中的应用前景广阔。未来，文物和历史遗址的数字化将成为重要趋势。通过VR和AR技术，游客可以“亲临其境”地参观古代建筑、历史事件的重现、消失的文化景观等，甚至可以与历史人物进行虚拟互动。这些虚拟展示不仅帮助游客更好地理解文化遗产，还为遗址的保护提供了新的技术手段。

（三）个性化的定制化旅游体验

未来，虚拟现实和增强现实将使旅游体验更加个性化。基于大数据和人工智能的结合，旅游目的地可以根据游客的兴趣、历史行为等数据，定制个性化的AR或VR体验。比如，游客可以根据自己的兴趣选择虚拟的主题线路，探索历史文化、自然风光或娱乐活动等。而AR技术可以在游客实际参观景点时提供实时的导览服务，提供个性化的内容推荐，帮助游客更深入地了解景区和当地文化。

（四）线上与线下的融合

随着“云旅游”概念的兴起，VR和AR技术将促使线上旅游与线下旅游的深度融合。游客不仅能够在旅行前通过VR预览目的地，还可以在线上体验旅行过程中的部分活动，比如通过VR体验远足、滑雪、潜水等活动。这种线上与线下的无缝连接，将为游客提供更加便捷和丰富的旅游体验，同时也能吸引更多无法到达实际目的地的游客。

（五）增强社交互动与虚拟旅游

社交互动将成为虚拟现实和增强现实应用的重要方向。未来，VR和AR技术将使游客能够在虚拟世界中与其他游客进行互动，甚至参与虚拟旅游团。在这一过程中，游客不仅可以欣赏到虚拟景点，还可以通过VR与来自世界各地的游客进行实时交流和互动。例如，游客可以通过虚拟现实参与到全球的文化交流活动、主题讲座或旅行体验分享中，形成全球旅游社交网络。

（六）教育与学习的结合

VR和AR技术将推动文化旅游产品与教育的结合。未来，博物馆、历史遗址、文化中心等旅游地将利用VR和AR技术提供互动性强的教育体验。游客可以通过虚拟现实技术学习历史事件、科学知识或艺术技巧，进行沉浸式学习。同时，AR技术也能够增强游客在实际旅游过程中的学习感受，例如在历史遗迹中，通过AR设备向游客展示详细的历史背景和建筑风格。

（七）设备与技术的普及和成本下降

随着硬件设备和技术的逐步普及，VR和AR设备将变得更加轻便、便宜和易用。目前，VR和AR技术的普及面临的最大障碍之一是设备成本高昂，但未来随着技术进步和市场需求的增加，设备价格将逐渐下降，使得普通游客也能负担得起使用这些技术。而且，移动设备的普及也使得AR技术在旅行中的应用更加便利，游客可以随时随地通过智能手机和AR应用程序获得增强现实体验。

（八）提升景区管理和运营效率

VR和AR技术的应用不仅能够提升游客体验，还能够提高景区的运营管理效率。通过VR技术，景区管理者可以在虚拟环境中模拟游客流量、应急情况等，进行场景预测和风险评估。而AR技术则可以用于景区的实时数据收集和分析，帮助景区优化设施布局、人员安排等，提升游客的整体体验。

总结：VR和AR技术在文旅产业中的应用将推动旅游行业的数字化转型，使旅游体验更加个性化、互动化和沉浸式。未来，随着技术的不断进步和成本的降低，虚拟现实和增强现实将在文化遗产保护、个性化旅游、社交互动、教育学习等领域发挥越来越重要的作用，推动文旅产业的创新和可持续发展。

059　如何通过智能化管理提高文化遗产的保护与展示效率？

在现代文旅经济的发展中，智能化管理为文化遗产的保护与展示提供了全新的思路与技术支持。随着科技的不断进步，智能化管理不仅提高了文化遗产的保护效率，还极大增强了其展示效果和观众的参与感。以下是智能化管理在文化遗产保护与展示中的应用和成效。

首先，智能化管理通过数字化技术为文化遗产的保护提供了强大的支撑。借助3D扫描、激光测绘等技术，文化遗产的实物资料可以精准地数字化存储，并生成三维虚拟模型。这些数字化资料不仅能有效保存文化遗产的细节和结构信息，还能避免传统保护方法中可能带来的物理损伤。例如，世界遗产如埃及金字塔、长城等重要遗址的数字化建档，使得这些文化遗产在遭遇自然灾害或人为破坏时，依然可以通过数字模型恢复原貌。

其次，智能化技术为文化遗产的展示带来了革命性变化。虚拟现实（VR）、增强现实（AR）等技术的应用，让参观者能够更加生动、直观地了解文化遗产的历史背景和文化内涵。通过VR技术，观众可以身临其境地“游览”远古文明的遗址，而AR技术则能够通过智能设备为观众提供实时的历史信息和文化解读，极大提高了展示的互动性和观众的沉浸感。

智能化管理还促进了文化遗产的动态监控和智能分析。通过物联网（IoT）技术，可以在文化遗产的保护区域安装传感器，实时监测温湿度、空气质量、光照强度等环境因素的变化，确保遗产所在环境的稳定性。此外，通过大数据分析技术，可以对监测数据进行智能分析，及时发现潜在的风险，并采取相应的保护措施。例如，在古建筑的保护中，智能传感器可以实时监测建筑物的结构变化，一旦发现裂缝或其他损害迹象，系统会自动警报，并指导维修工作。

与此同时，智能化管理提升了文化遗产的管理效率。在一些博物馆、遗址等文化场所，智能化系统可以自动化地进行人流控制、票务管理和安全监控，大大减少了人工成本并提高了运营效率。特别是在旅游高峰期，智能管理系统能够自动调节参观节奏，避免过度拥挤，保证文化遗产展示的顺畅进行。

最后，智能化管理还推动了文化遗产保护与社会公众的互动。通过线上平台和社交媒体的结合，文化遗产的展示不再局限于物理空间。借助智能手机、平板电脑等设备，观众可以随时随地获取相关文化遗产的背景资料、视频讲解等内容，从而提升公众对文化遗产的认知和保护意识。智能化技术的普及，也让更多人参与到文化遗产的保护和传承中，形成全社会共同关注和参与文化遗产保护的良好氛围。

综上所述，智能化管理为文化遗产的保护与展示提供了创新的解决方案，既提高了保护效率，也增强了展示的互动性和吸引力。未来，随着智能化技术的不断进步，文化遗产的保护与展示将更加精准、高效、丰富，为全球文化遗产的传承和发展做出重要贡献。

060 区块链技术如何提升文旅产业的透明度和消费者信任？

区块链技术作为一种去中心化的分布式账本技术，通过其不可篡改性和透明性，可以在文旅产业中发挥重要作用，提升透明度和消费者信任。文旅产业一直面临信息不对称、数据安全、交易透明等问题，区块链技术的应用正好能有效解决这些痛点。

区块链技术的核心特点之一是去中心化，意味着信息不再依赖于单一的第三方机构。这对于文旅产业中的在线旅游平台、票务系统等尤为重要。传统的旅游交易平台往往存在中介费用、信息滞后等问题，而区块链通过智能合约和去中心化的数据库，能够确保每一笔交易的公开透明，消费者可以直接获取交易数据，避免了中介的不正当操作和信息操控。

在票务领域，区块链的应用可以消除假票问题。通过区块链的加密技术，每一张票据都可以通过区块链记录进行唯一标识，确保票务信息的真实性与安全性，防止伪造和盗用票务信息，提升消费者对购票平台的信任。

区块链的透明性还能够帮助消费者了解旅游产品的来源和质量。在旅游产品的供应链中，从酒店预订、交通安排到旅游活动的组织，都可以通过区块链记录每一个环节的详细信息，消费者能够追溯到产品的源头，验证其质量和可靠性。这种透明度不仅提升了消费者的信任，也推动了供应商的诚信经营。

此外，区块链还可以通过数字货币和代币化的方式，简化支付过程，提高支付的安全性和便捷性。消费者在进行支付时，可以通过智能合约进行即时结算，避免了传统支付方式中的延迟和烦琐步骤，同时保障了交易的透明性。

综上所述，区块链技术在文旅产业中的应用，能够有效提升交易透明度，增强消费者的信任，从而推动整个产业的健康发展。

第七章

文旅经济的区域发展

061 文旅经济在城市与乡村的差异化发展如何实现?

文旅经济正成为推动区域经济发展的重要引擎。在城市与乡村的不同空间中，文旅经济呈现出迥异的发展模式和特点，这既是资源禀赋的自然显现，也是社会发展需求的真实映照。

城市的文旅经济展现出鲜明的时代特色。大都市的文化消费市场繁荣活跃，文化演艺、博物馆展览、艺术节庆等活动吸引了大量市民参与。以上海为例，其“博物馆之城”建设不仅丰富了城市的文化内涵，更创造了可观的社会效益和经济效益。在这里，文旅经济与现代科技的深度融合成为亮点，智慧导览系统、沉浸式体验项目等创新形式不断涌现，为游客带来耳目一新的消费体验。

乡村文旅则走出了另一条发展道路。在浙江莫干山，“洋家乐”民宿群落的兴起就很好地诠释了传统乡村文化与现代旅游需求的完美结合。依托得天独厚的自然资源和原生态的生活方式，乡村文旅项目正在构建独特的竞争优势。

游客在此不仅能享受到清新的自然环境，更能体验到地道的民俗文化和手工技艺。

差异化发展需要精准的市场定位和科学的政策引导。在城市，政府应着力完善基础设施建设，优化文化消费环境，培育多元化的市场主体。同时，要鼓励文化创意与科技应用的深度融合，开发富有地方特色和时代气息的文化产品。以西安大唐不夜城为例，其通过数字化技术还原历史场景，打造沉浸式体验空间的做法值得借鉴。

乡村文旅的发展则需要在保护中寻求突破。一方面要挖掘和传承地方传统文化，另一方面要创新表达方式，使之更符合现代游客的审美需求。云南丽江的古村落保护就提供了一个很好的范例：在保持传统风貌的同时，引入创意设计元素，让古老的文化焕发新的生机。

城乡文旅经济的协同发展需要多方力量的共同参与。政府要发挥规划引导作用，企业要做好资源整合和市场运营，社会各界则应积极参与文化传承与创新。只有形成合力，才能实现文旅经济的可持续发展，为区域经济发展注入持久动力。

062 如何推动跨地区的文旅资源整合?

让文旅资源“活起来”：跨区域整合发展的新思路。在全域旅游时代，文旅资源的整合已突破单一行政区域的局限，走向更广阔的协同发展空间。通过跨地区的资源整合，不仅能够实现优质文旅资源的优势互补，更能催生出更具吸引力的旅游产品和市场竞争力。这种创新性的资源整合模式正在为文旅产业注入新的发展动能。

资源整合的核心在于建立高效的协同机制。在长三角地区，“江南文化之旅”线路的成功运营就很好地诠释了跨区域合作的要义．通过整合上海的博物馆资源、苏州的园林景观、杭州的西湖风光等特色资源，形成了一个完整而富有吸引力的文化旅游环线。这种模式既提高了旅游资源的整体利用效率，又为游客提供了更丰富的产品选择。

政府在资源整合中扮演着关键角色。一方面要打破行政壁垒，在交通互联、政策扶持等方面提供有力支持；另一方面要搭建信息共享平台，促进区域间的优势互补。以川渝为例，两地联合推出的“巴蜀文化旅游走廊”建设就通过统筹规划、资源共享，实现了区域内文旅资源的优化配置。

社会力量的参与同样不可或缺。行业协会要发挥桥梁作用，促进企业间的深度合作；文旅企业则需要在产品开发上寻求创新突破，打造特色鲜明的跨区域旅游线路。例如，故宫博物院与地方博物馆联合推出的“流动展览”项目，就通过资源整合让优质文化资源惠及更广泛的人群。

这种跨区域资源整合不仅带来了经济效益，更重要的是推动了文化的传播与传承。各地独特的文化遗产在更大范围内得到展示和推广，让更多人能够近距离感受中华文化的魅力。这种创新的资源整合模式正在为文旅产业发展开辟新的蓝海空间。

063 文旅产业如何助力地方特色文化的国际传播？

文旅产业在助力地方特色文化的国际传播方面扮演着重要角色，它就像一位热情的导游，为地方文化打开了通往世界的窗口。通过将文化和旅游有机融合，那些原本藏在深闺中的地方特色文化得以走出本土，在更广阔的国际舞台上展现独特的魅力。

每个地方都有自己独特的故事和符号，这些文化瑰宝需要被发现、被讲述、被传播。文旅产业恰恰具备这样的能力：它能够将传统节庆、民俗活动等文化元素转化为生动的旅游体验，让外国游客在参与中感受文化的独特韵味。比如，在一场精心策划的地方文化节上，游客不仅能欣赏到精彩的民间艺术表演，还能亲手体验传统手工艺品的制作过程。这种沉浸式的文化体验，往往比单纯的展览更具感染力。

在全球化的今天，文化传播早已突破了地域的界限。通过跨国文化交流活动，地方特色文化能够与世界对话。国际文化节、艺术展览等平台为不同文明提供了相遇的机会，让人们在交流中增进理解与尊重。而现代科技更是为文化传播插上了翅膀：VR技术让远隔重洋的人们足不出户就能“亲临”文化现场，数字化展示则让古老的文化遗产焕发出新的生命力。

在推广方面，文旅企业就像一座桥梁，连接着地方文化和国际市场。通过精心设计的市场营销策略和品牌建设，这些文化瑰宝得以被更多人熟知。与国际旅行社合作推出特色旅游线路、借助社交媒体平台讲述文化故事，都是有效的传播手段。当越来越多的海外游客慕名而来时，地方文化的国际影响力也随之提升。

文化的魅力在于它能够跨越语言和国界的藩篱，打动每一个热爱生活的人。文旅产业在这其中扮演着重要角色：它不仅是文化的传播者，更是文化交流的促进者。未来，随着创新不断涌现，地方特色文化必将在全球化的浪潮中绽放出更加绚丽的光彩。

064 文化旅游的跨文化交流与市场拓展如何进行?

文旅交流架起了全球文化互通的桥梁，在全球化的今天，文化旅游已成为连接不同文明的重要纽带。它不仅是一场简单的旅行体验，更是跨越国界的文化对话与心灵共鸣。文旅产业通过巧妙地将地域特色融入旅游产品中，让世界各地的人们得以在旅途中感受文化的独特魅力。

（一）跨越文化藩篱的桥梁

文旅项目需要深入理解并尊重不同文明的独特性。只有真正了解游客的文化背景和审美偏好，才能设计出既具本土特色又能引发共鸣的产品。就像一位优秀的导游，需要用对方能够理解的语言讲述当地的故事。在实践中，这需要将地域文化的精髓融入每一个细节中：从建筑风格到饮食体验，从传统节庆到手工艺展示。通过专家讲解、互动体验等多样化形式，让游客能够在参与中感受文化的魅力。这种沉浸式体验往往比单纯的观光游览更具感染力。

（二）精准定位，满足多元化的市场需求

市场调研是制定差异化策略的基础。要了解目标市场的消费习惯、兴趣爱好以及文化偏好，从而量身定制旅游产品。例如：对于偏爱历史的游客，可以提供深度文化探访项目，对于喜欢休闲体验的人群，则可以设计融合自然景观与当地文化的度假套餐。数字化平台的应用为精准营销提供了有力工具。通过大数据分析和社交媒体互动，能够更高效地触达目标受众，扩大市场影响力。

（三）跨界合作，推动全球文化传播

国际文化节、艺术展览等大型活动是展示文化魅力的重要窗口。这些活动不仅能够吸引大量游客，还能提升目

的地的全球知名度。政府与文旅机构需要加强国际合作：与国际旅游组织建立战略伙伴关系；联合媒体进行推广宣传；组织文化交流活动，促进不同文明之间的对话。

（四）展望未来，构建文化互通新生态

随着全球化进程的深入，文旅产业在跨文化交流中的作用会愈发重要。通过持续优化产品设计、创新传播方式、深化国际合作，文化旅游将更好地担当起“全球文化大使”的角色。这不仅有利于推动文化的全球传播，还会为文旅产业发展增添新的活力。期待一个更加开放、包容的文化交流新时代！

065 国际游客对中国文旅产业的认知与需求有哪些变化？

随着中国经济的崛起和文化软实力的提升，国际游客对中国文旅产业的认知与需求发生了显著变化。过去，国际游客对中国的认知多集中在长城、故宫等传统文化遗址，而如今，随着旅游产品的多样化与深度化，国际游客的兴

趣逐渐向更广泛的文化和体验项目转变。

首先，国际游客对中国文化的兴趣不再局限于古代遗址，现代化的城市景观、艺术展览以及当代文化活动逐渐成为吸引外国游客的重要元素。越来越多的游客希望通过参观中国的现代城市，如上海、北京、广州等地，了解中国的创新与发展。这些城市不仅展示了中国的历史文化，还融入了现代艺术、建筑和科技元素，成为展现中国当代文化的重要平台。

此外，随着生活方式的变化，国际游客对体验式旅游的需求日益增加。他们渴望更深入的文化交流和参与式体验，如传统手工艺制作、茶道体验、京剧学习等。游客不仅仅满足于传统的观光型旅游，更希望通过互动体验和学习加深对中国文化的理解。

环境与可持续发展也是国际游客关注的重要因素。随着环保意识的提升，越来越多的游客倾向于选择具有生态和可持续性特点的旅游产品，如乡村旅游、生态旅游等。这些产品能够让游客体验自然与文化的和谐共生，满足他们对绿色、环保旅游的需求。

总之，国际游客对中国文旅产业的认知与需求已逐渐从单纯的景点游览转向文化深度体验、现代城市探索以及绿色可持续旅游。中国文旅产业在提供传统文化魅力的同时，逐步满足了国际游客对多元化、个性化和环保型旅游的期待。

066 如何提升中国文旅品牌的国际影响力？

在全球化深入发展的今天，文化软实力的竞争日益成为国家综合实力的重要体现。作为中华文明传承和发展的重要载体，中国文旅产业正面临着前所未有的机遇与挑战。如何将深厚的文化底蕴转化为具有国际影响力的品牌符号，是当前需要认真思考和积极探索的课题。

（一）讲好故事

让世界听见中国声音文化内容的创新传播是打造国际文旅品牌的基石。不能停留在简单展示历史遗迹和传统技艺的层面，而要通过精心策划和创意表达，将中国文化的精神内核传递给世界观众。故宫博物院的“数字文物库”项目就是一个成功案例，它不仅让文物“活起来”，更让世界各地的人们能够跨越时空感受中华文化之美。

在传播形式上，要善于运用国际通用的语言符号体系。比如，通过举办艺术展、文化节庆等活动，将传统与现代有机结合，为观众呈现一场场文化盛宴。同时，还要注重与时尚、设计等领域的跨界融合，让传统文化焕发新的生机活力。

（二）科技赋能

构建数字化文化传播新场景数字技术的发展为文旅品牌传播开辟了全新可能。虚拟现实（VR）、增强现实（AR）等技术的应用，能够让人们足不出户就能感受敦煌壁画的壮美、欣赏京剧艺术的精妙。这些创新手段不仅突破了地理限制，更大大提升了文化传播效率。

在线内容运营同样重要。通过社交媒体平台发布高质量的文化故事和旅游体验视频，能够有效扩大品牌影响力。比如，“云游中国”系列直播项目就成功吸引了大量国际关注，让更多人对中国文旅产生了浓厚兴趣。

（三）开放合作

构建全球文旅共同体“一带一路”倡议为文旅国际合作提供了重要机遇。通过与“一带一路”共建国家开展文化交流项目，共同开发跨国旅游线路，能够实现资源共享和优势互补。比如，中国与东盟各国联合推出的“海上丝绸之路文化旅游节”就取得了良好效果。

此外，还要积极对接国际标准体系。从服务质量、产品设计到市场营销，都要符合国际市场规则和消费者需求。只有建立开放包容的合作机制，才能在全球文旅市场中占据有利位置。

展望未来，在文化自信的指引下，中国文旅产业必将迎来更为广阔的发展空间。通过创新传播方式、深化国际合作，中国文化能够更好地被介绍给世界，中华文明也将在人类命运共同体建设中发挥更大的作用。期待更多有识之士加入其中，共同谱写中国文旅品牌走向世界的壮丽篇章。

067 文旅产业如何推动国家间的文化合作?

在全球化深入发展的今天，文化的交流与互鉴已成为促进国际理解、构建人类命运共同体的重要途径。作为连接文化与经济的重要纽带，文旅产业正发挥着越来越重要的作用。它不仅是一个展示各国文化魅力的窗口，更是一座跨越国界、增进理解的文化桥梁。

（一）搭建文化交流的新平台

联合举办各类文化交流活动是文旅合作的重要形式。国际文化节、艺术展览、学术论坛等平台，为世界各地的文化工作者提供了展示和交流的机会。在这里，不同文明得以相遇对话，在碰撞中迸发出新的活力。

这些活动的举办，不仅让艺术作品得到了更广泛的传播，更重要的是架起了跨文化的沟通桥梁。通过这些平台，各国艺术家可以分享创作心得，探讨未来发展方向，推动文化艺术的创新发展。这种互动为全球文化生态注入了新的活力。

（二）构建跨国合作的新模式

文旅产业在促进国家间文化合作方面具有独特优势。跨国旅游项目的开发就是一个典型案例。比如，中国与东盟共同推出的“海上丝绸之路文化旅游线路”，不仅让游客能够感受不同文明的魅力，也推动了沿线国家的文化互鉴。

在这个过程中，文化符号、历史遗迹等成为连接各国的纽带。通过这些载体，不同文化得以对话交流，多元文化的独特价值得到充分展现。这种合作模式既促进了旅游资源的优化配置，也为文明互学互鉴提供了新的路径。

（三）深化人文交流的新举措

文旅产业在推动国际人文交流方面具有重要作用。便捷的签证政策、优惠的旅游套餐等措施降低了游客出行成本，增加了文化交流的机会。语言服务的完善则进一步拉近了不同文化群体之间的距离。

这种交流不仅停留在观光层面，更深入到文化体验和价值认同层面。通过与当地居民的互动，游客能够更好地理解目的地国家的文化传统和社会生活，建立起跨文化的认同感。这种深层次的交流为构建国际的互信基础提供了重要支撑。

展望未来，在经济全球化、文化多样化的背景下，文旅产业将在促进国际文化合作方面发挥更大作用。通过创新合作模式、深化人文交流，期待看到更多文明对话的成功实践，为人类命运共同体建设贡献智慧和力量。应共同致力于构建一个更加开放包容的文化交流合作体系，推动不同文明在互学互鉴中实现共同发展。

068　国际旅游市场对文化内容的需求变化趋势是什么？

在全球化深入发展和技术革新日新月异的时代背景下，国际文化旅游市场正在经历一场静悄悄的革命。当代旅游者已不再满足于走马观花式地参观历史建筑和文化地标，而是渴望获得更深层次的文化体验与个性化服务。

这种转变折射出文旅消费的新趋势：游客越来越注重在旅行中深入了解目的地的文化内核。他们希望参与更多具有当地特色、体现风土人情的活动项目。从亲手制作传统手工艺品到学习地道美食烹饪，从沉浸式艺术工作坊到原汁原味的节庆体验，这些都成为新一代旅游者偏好的选择。

技术的进步更是为文化体验锦上添花。虚拟现实与增强现实技术的应用，让游客得以突破时空限制，在历史场景中身临其境；人工智能导览则可以提供个性化的文化解读服务。这种创新不仅增强了互动性，也让传统文化焕发新的生机。

更令人振奋的是，跨文化交流已成为当代旅游的重要诉求。越来越多的旅行者希望通过文化旅游增进对不同文明的理解与尊重。在音乐节、艺术展等平台上，多元文化的碰撞与融合创造出独特的魅力。这种趋势推动着全球文旅市场向更开放、更多元的方向发展。

另一个值得关注的动向是可持续发展理念在文旅消费中的渗透。环保意识日益增强的游客更倾向于选择那些既能带来文化享受又具有生态保护意义的产品。从支持传统手工艺传承到参与绿色生态项目，这种负责任的旅行方式正在成为新的潮流。

这些变化预示着文化旅游市场正在进入一个更加成熟多元的新阶段。在这个时代，文化和旅游的融合已突破了简单的资源开发模式，转变为一种更有深度、更具创新性的价值创造过程。未来，随着科技的进步和理念的更新，文旅产业必将为人们带来更丰富的精神享受与文化启迪。

第八章

文旅经济的生态环境与可持续发展

069　文旅经济中的生态旅游与可持续性如何结合？

在文旅产业快速发展的今天，生态旅游与可持续发展模式正成为备受瞩目的新方向。这种模式不仅为游客提供了亲近自然的机会，更为环境保护和经济发展探索出一条和谐共处的新路径。

生态旅游的本质是以人与自然和谐共处为核心，在保护生态环境的前提下开展旅游活动。通过科学规划和适度管控，让游客在享受自然美景的同时，最大限度地减少对环境的影响。许多生态旅游景区采取预约制、限流等方式，确保旅游活动不会超出生态承载力，真正实现“有限开发，永续利用”。

生态旅游的价值远不止于环境保护，它还为当地社区创造了发展机会。通过与当地居民合作，开展特色民宿、手工艺品制作等项目，不仅让游客体验到原汁原味的风土人情，也为村民提供了稳定的收入来源。这种方式既保护了传统文化，又实现了经济可持续发展，形成了生态保护与经济发展的良性循环。

在环保意识培养方面，生态旅游发挥着独特的作用。通过参与植树造林、垃圾分类等环保活动，游客在欣赏自然美景的同时，也能深刻理解环境保护的重要性。这种寓教于乐的方式让每一位游客都成为生态文明的传播者和践行者，为可持续发展注入源源不断的新动力。

生态旅游与可持续发展的结合，不仅为文旅产业开辟了新方向，更为全球环境保护提供了中国方案。它证明了经济发展与生态保护并非对立，而是可以实现双赢的美好愿景。

070 文旅经济如何影响生态环境保护？

文旅经济是生态保护的新机遇。当前，文旅经济与生态保护的关系日益受到关注。如何在发展旅游业的同时守护绿水青山，成为社会各界共同思考的问题。事实上，文旅经济与生态保护并非对立关系，而是可以实现互利共赢的伙伴关系。

旅游业的发展往往是一把双刃剑。大量游客涌入热门景区，带来的不仅是经济效益，也对当地环境造成一定压力。过度开发、环境污染等问题时有发生，甚至导致一些独特生态系统遭到破坏。但换个角度看，文旅经济也恰恰为生态保护提供了新的可能性。

生态旅游的兴起就是最好的证明。越来越多的旅游项目开始将环境保护纳入核心理念，通过科学规划和精细管理，在保护生态环境的同时创造经济效益。例如，一些自然保护区推出“生态体验”项目，让游客在专业指导下参与监测动植物、清理垃圾等环保活动。这种方式不仅能让游客更深刻地理解生态保护的重要性，也能为景区积累宝贵的环境数据。

在这一过程中，各方力量都在发挥着重要作用。政府需要制定科学的规划和严格的监管措施，确保旅游业发展与环境保护相协调。旅游企业要创新经营理念，开发更多可持续发展的项目。同时，也需要培养公众的环保意识，在游客心中播撒生态保护的种子。

这一理念正在全球范围内得到实践和推广。许多国家和地区都在探索适合自身特点的文旅发展模式。例如，一些海岛国家通过限制游客数量、发展高端定制旅游等方式，既保护了生态环境，又获得了可观的经济效益。

可以预见，随着环保意识的提升和技术手段的进步，文旅经济与生态保护之间的关系将越来越融洽。这不仅需要各方的共同努力，更需要创新思维和开放心态。唯有如此，才能实现经济发展与环境保护的双赢局面，为子孙后代留下绿水青山的美好家园。

071 绿色文旅的定义与实施路径是什么？

绿色文旅成为守护绿水青山的发展新路径。在追求高质量发展的今天，如何在发展经济的同时保护生态环境，是社会各界都在思考的问题。文旅产业作为与自然资源密切相关的领域，更需要探索一条可持续发展的道路。绿色文旅正是这种发展理念的具体体现，它将生态保护融入文旅产业发展全过程，在守护绿水青山的同时创造金山银山。

绿色文旅的核心要义在于“平衡”二字。在发展旅游项目时，既要考虑经济效益，更要重视环境承载力。这意味着从规划选址到建设运营的每一个环节都要践行绿色理念。在景区开发过程中，应优先采用节能环保材料和技术，减少能源消耗和污染排放。同时，通过完善基础设施，鼓励游客选择低碳出行方式，降低旅游活动对环境的影响。

在具体实践中，绿色文旅的发展需要多方参与、协同推进。政府部门要制定科学的规划和严格的监管措施，为企业和公众树立明确导向。企业则需要将绿色理念融入产品设计和服务运营，在追求经济效益的同时履行生态保护责任。广大游客也应增强环保意识，通过自己的行为支持绿色发展。

这种发展模式带来的效益是多维度的。它不仅能够保护生态环境，还能推动产业升级，创造出新的经济增长点。一些地方已经开始尝到了甜头：通过发展生态旅游，既保护了自然资源，又带动了周边经济发展，为当地群众创造了就业机会。这种良性循环的发展模式，正是绿色文旅的魅力所在。

当然，要实现这一目标还需要克服不少挑战。如何平衡好开发与保护的关系？怎样提升公众的环保意识？这些都是需要深入思考的问题。但只要坚持绿色发展道路，创新理念和方法，就一定能够找到适合本地实际的解决方案。

展望未来，绿色文旅的发展前景令人期待。随着人们环保意识的提高和社会各界对可持续发展的重视，这种新型发展模式必将得到更广泛的应用和推广。它不仅为文旅产业指明了发展方向，更为守护地球家园提供了可行方案。携手同行，在发展经济的同时守护好绿水青山，共同创造一个更加美好的未来。

072 如何平衡文旅开发与生态保护之间的矛盾？

守护绿水青山是文旅开发与生态保护的平衡之道。在追求经济发展的同时守护好生态环境，是当下社会各界共同关注的问题。文旅产业作为与自然资源密切相关的重要领域，在发展过程中尤其需要探索一条可持续的发展道路。如何在开发中实现生态价值最大化，既创造经济收益又保护绿水青山，是每一个文旅开发者都需要认真思考的问题。

科学规划是实现文旅可持续发展的第一步。在项目启动之前，必须进行充分的环境影响评估，全面了解项目的生态环境承载能力。对于一些生态敏感区域，应当划定明确的开发红线，避免盲目追求经济效益而导致难以挽回的生态破坏。通过科学规划和合理布局，能够最大限度地减少对自然环境的影响，在保护中实现发展。

绿色技术的应用为文旅开发提供了新的可能。在建筑施工中采用节能环保材料，在运营过程中推广清洁能源，都是降低环境影响的有效手段。一些景区已经开始尝试利用太阳能、地热能等可再生能源，既减少了碳排放，又降低了运营成本。通过技术创新和绿色实践，文旅开发与生态保护能够实现共赢。

生态保护意识的提升需要全社会共同参与。每个游客都应该成为生态环境的守护者，在游览过程中自觉遵守环保规定，减少对自然环境的影响。同时，开发者也要主动承担起社会责任，通过设置生态教育体验项目、开展环保宣传活动等方式，引导公众树立正确的生态文明观念。

政府在生态保护与文旅开发之间发挥着至关重要的调节作用。一方面要通过立法和制度设计为生态保护提供保障，另一方面也要通过政策扶持鼓励绿色开发模式的创新实践。建立完善的利益补偿机制，让保护生态环境的地区也能获得合理的发展机会，这是实现可持续发展的重要前提。

在实践中，越来越多的文旅项目开始将生态价值放在首位。有的景区通过恢复原生植被、建设人工湿地等方式修复生态环境；有的地方则通过发展民宿经济、手工艺制作等绿色产业，走出了一条生态保护与经济发展双赢的新路。这些成功的探索为行业提供了宝贵的经验。

生态保护并非发展的绊脚石，而是可持续发展的内在要求与必由之路。只要秉持对自然的敬畏之心，在开发中坚持生态优先原则，就一定能找到一条既创造经济价值又守护绿水青山的发展道路。各方应共同努力，推动文旅产业走上更加绿色、更具活力的发展新路径。

073　文旅产业如何响应全球气候变化挑战？

全球气候变化已成为当今世界最重要的挑战之一，文旅产业作为全球经济的重要组成部分，必须积极应对这一挑战。文旅产业的生产、运营和消费活动都对环境产生一定的影响，向绿色、可持续的发展模式转型势在必行。

文旅产业首先需要通过两项措施应对气候变化。这包括推动低碳旅游、发展绿色出行和利用可再生能源。旅游交通是文旅产业碳排放的主要来源，发展强制推行、支持公共交通系统并鼓励游客采用低碳出行方式，有利于减轻旅游交通的负担。此外，旅游企业还可以采取节能措施，比如使用节能设备、降低能源消耗，减少对化石能源的依赖。

资源的节约和循环利用也是文旅产业应对气候变化的重要策略。在住宿、餐饮等方面，酒店和园区可以通过水资源节约和能源管理、垃圾分类等方式，实现资源的高效利用。通过智能管理和环保技术，提升整体运营效率，降低资源浪费，减轻对环境的压力。

此外，文旅产业还需要倡导绿色消费，鼓励游客采取环保行为。通过环保意识的提升和绿色旅游的推广，吸引更多关注环保的消费者。企业也应加强与环保组织和政府部门的合作，共同推动绿色旅游和生态保护措施。

最后，文旅产业可以通过创新模式和政策支持，推动全球气候变化应对。政府可以加强政策引导，鼓励文旅企业采用绿色技术和低碳产品。文旅产业也可以通过增加气候认知旅游产品、推动可持续发展项目，增强应对气候变化的力度。

总之，文旅产业的绿色转型不仅有助于应对气候变化，还能够促进可持续发展，提升产业的整体竞争力和社会责任感。

074 文化遗产保护如何做到与现代化旅游发展的融合？

文化遗产保护与现代化旅游发展的融合是在传承中寻找平衡。在旅游业蓬勃发展的今天，如何妥善处理文化遗产保护与旅游开发的关系，是一个值得深思的课题。这不仅关乎对历史的态度，更决定了这些珍贵的文化遗产能否在未来继续绽放光彩。让传统与现代对话，在保护中发展，在发展中传承。

（一）文化遗产保护：发展的基石

在进行文旅项目开发时，必须将文化遗产的完整性作为首要考虑因素。任何开发活动都应建立在对文化价值充分尊重的基础上，严格遵守相关法律法规。通过科学规划和精细管理，确保历史信息不被破坏，文化内涵得到完整保留。

近年来，数字技术为文化遗产保护提供了全新可能。运用三维扫描、虚拟现实等先进技术，不仅能精确记录文物现状，还能在虚拟空间中重建历史场景。这些创新手段让游客可以身临其境地感受历史文化魅力，同时避免了对实物的直接接触，从而最大限度地降低了保护风险。

（二）旅游体验：文化的现代诠释

文化遗产不应成为被玻璃罩保护起来的展品，而应当以更生动的方式走进人们的生活。通过精心设计的文化体验项目，让游客在参与中感受传统文明的独特价值。

在具体实践中，可以将传统文化元素与现代旅游需求有机结合。例如，在著名遗产地引入沉浸式演艺、数字展览等创新形式，既保留了文化精髓，又增添了趣味性。同时，配套服务的完善也是关键，要通过智能化设施、便捷交通等提升游客体验，让文化遗产真正“活”起来。

（三）可持续发展：保护与利用的良性循环

文化遗产的商业化运作必须以文化价值为核心，避免盲目追求经济效益而损害遗产本体。通过创意设计将文化元素转化为特色文创产品、沉浸式体验项目等形式，既增加了吸引力，又能产生合理收益。

在开发过程中，要特别注意适度原则。商业设施布局、游客承载量控制等都要充分考虑文化遗产的承受能力。建立动态监测机制，及时评估保护效果和旅游发展状况，确保在利用中实现更好的保护。

（四）未来展望：构建文化传承新范式

随着“互联网+”时代的到来，文化遗产保护与利用有了更多可能性。线上展示平台可以突破时空限制，让更多人了解传统文化；数字化存档则为珍贵资料提供了多重保障。

在具体实践中，要建立多方参与机制。政府、企业、学术机构和当地社区应共同努力，形成保护合力。通过完善法律法规、创新管理模式、加强人才培养等措施，构建文化遗产保护的长效机制。

文化遗产保护与旅游发展的关系本质上是一个平衡问题。要在传承中发展，在发展中传承，让这些宝贵的文化财富真正“活”起来，既成为民族记忆的载体，也成为推动社会进步的重要力量。通过科学规划和持续创新，完全可以在保护好文化遗产的同时，满足现代人的精神需求，实现文化传承与经济发展的双赢。这不仅是对历史负责，更是为未来创造价值。

075　生态文明建设如何促进文旅产业的可持续发展？

生态文明建设为文旅产业的可持续发展奠定了坚实的基础，推动了产业向绿色、低碳、可持续方向转型。随着全球环境问题日益严峻，生态文明不仅是环境保护的核心理念，更成为文旅产业发展的重要驱动力。这一理念强调人与自然的和谐共生，倡导尊重自然规律，在开发中注重保护，在利用中寻求平衡。

在实践中，文旅企业逐渐采取了一系列环保措施，包括绿色建筑、节能技术和低碳运输等，以减少对自然资源的过度消耗和环境负担。例如，一些生态旅游项目通过优化资源利用效率、提高能源使用效率等手段，显著降低了旅游活动对生态环境的影响，为实现可持续发展目标提供了可行路径。

与此同时，生态文明建设也推动了生态旅游的蓬勃发展。这种新型旅游模式不仅关注自然资源的保护，还注重提升游客的环保意识和生态教育。越来越多的游客开始倾向于选择绿色、环保的旅游方式，这不仅为文旅产业带来了新的增长点，也为生态环境保护注入了更多活力。通过合理开发与保护并重的方式，生态旅游项目既为当地创造了经济收益，又促进了环境保护和生态修复。

此外，生态文明建设还激发了文旅企业的创新热情，促使他们探索更加环保、可持续的经营模式。这种创新不仅体现在生态旅游项目的创意设计上，也渗透到游客体验、产品开发和服务优化等各个环节。通过引入绿色认证体系、推广环保设施设备等创新举措，文旅企业能够为消费者提供更符合可持续发展理念的高质量旅游体验，并在激烈的市场竞争中占据优势。

总的来说，生态文明建设推动文旅产业向绿色、低碳、可持续方向发展，不仅提升了行业社会责任感和环保意识，还催生了更多生态友好型产品和服务。这种发展模式既满足了人们对美好生活的向往，又保护了地球家园的绿水青山，为文旅产业的长期健康发展提供了有力支撑。

076　文旅项目的环境影响评估如何进行？

文旅项目的环境影响评估是构建可持续发展的绿色保障体系。文旅项目的发展离不开对生态环境的尊重与保护。在推进项目建设的同时，如何有效预防和控制可能产生的环境问题，是实现可持续发展的重要课题。环境影响评估作为一项关键工具，在文旅项目开发中发挥着不可或缺的作用。

科学准确地开展环境影响识别是环评工作的基础。其需要全面考量项目的各项要素，包括土地使用范围、建设规模、功能分区以及预期的游客容量等。通过对这些因素的深入分析，能够有效识别出可能对生态环境造成影响的关键环节。例如，在选址阶段就需要特别关注项目所在地的地质构造特征，避免在生态敏感区域开展大规模开发活动。

在环境影响预测环节，运用专业的模型和数据分析方法，对可能出现的各种环境问题进行量化评估。这包括施工过程中可能导致的水土流失、空气污染、噪声扰民等直接影响，也涵盖游客活动可能引发的生态系统干扰、生物多样性减少等间接影响。特别值得关注的是，要将生态价值评估纳入考量范围，避免出现“看得见的效益”与“看不见的成本”之间的失衡。

针对识别出的环境问题，需要制定切实可行的应对措施体系。这包括前端预防性措施和后端补救性方案两个方面。在前端预防上，可以采取绿色建筑设计、低碳运营理念、生态保护红线划定等手段；对于难以避免的影响，则需要设计相应的补偿机制，比如生态修复工程或建立环境基金等。

环境影响评估的最终目标是构建一个动态的监测与调整机制。项目建成后，必须建立长期的环境监测计划，定期跟踪评估各项环保措施的实际效果，并根据监测结果及时优化运营策略。这种持续改进的过程，能够确保文旅项目的环境友好性不因时间推移而弱化。

通过系统化的环境影响评估工作，可以为文旅项目的发展提供坚实的绿色保障。这不仅有助于保护生态环境，也为项目的可持续发展奠定了基础。在未来的文旅开发中，需要进一步完善环评体系，推动技术创新和管理优化，实现经济发展与生态保护的良性互动。

077　如何推动文旅企业的绿色创新?

推动文旅行业的绿色发展需要系统性思维。绿色创新正在成为文旅行业转型升级的重要引擎。在这个过程中，企业需要将生态环保理念深度融入商业模式重构之中。通过技术创新、管理优化以及绿色消费引导等多维度的探索，文旅产业可以实现经济效益与环境保护的双赢格局。这种转变不仅能够提升企业的市场竞争力和品牌价值，更能满足消费者日益增长的可持续发展诉求。

在产品开发层面，绿色创新的核心在于将环保理念贯彻到项目设计与运营的各个环节。具体而言，企业可以通过选用环保材料、部署节能设备、应用低碳技术等措施，有效降低资源消耗和环境污染。例如，在景区建设中采用绿色建筑设计标准，在运营过程中推广可再生能源使用，这些都是实现绿色发展的重要路径。值得注意的是，绿色创新不应局限于“看得见”的地方，更要关注服务细节的优化。合理规划旅游路线、打造绿色出行方式等举措，都能在细微处体现企业的环保理念。

数字技术的应用为文旅行业的绿色转型提供了强大助力。通过大数据分析和云计算等手段，企业能够更精准地洞察游客需求，实现资源的最优配置。以定制化服务为例，这种模式不仅提升了游客体验，还能降低运营过程中的能源消耗和碳排放。数字技术的深度应用为企业创造了一个新的价值增长点：在提升服务质量的同时，实现了环境效益的最大化。

在供应链管理方面，文旅企业需要构建绿色产业链体系。与供应商合作时，应优先选择符合环保标准的产品和服务。这种选择不仅体现了企业的社会责任感，也会推动整个行业向绿色发展转型。此外，企业还应该加强员工的绿色环保意识培养，将可持续发展理念根植于企业文化之中。通过定期培训和知识分享，可以形成全员参与的绿色创新氛围。

政策支持与市场引导是推动绿色创新不可或缺的力量。政府可以通过制定鼓励性政策、提供税收优惠、设立专项基金等方式，为企业绿色转型创造良好的发展环境。同时，随着消费者环保意识的提升，绿色消费标准正在成为市场新趋势。企业需要敏锐把握这一变化，开发更多符合环保要求的产品和服务，以满足市场需求。

绿色创新不仅是一种商业模式的变革，更是企业履行社会责任、实现可持续发展的必由之路。在这个过程中，文旅企业需要保持战略定力，在追求经济效益的同时，始终牢记环境保护的责任。只有将绿色发展理念融入企业的基因之中，才能在行业竞争中占据更有利的位置，为社会和环境创造持久价值。

078　绿色建筑与文旅产业的结合方式有哪些?

绿色建筑与文旅产业的融合是一个多维度的过程。绿色建筑正在成为推动文旅产业升级的重要抓手。通过在设计、材料选择、能源管理和游客体验等环节融入环保理念，文旅项目可以实现经济效益与生态保护的双赢。这种创新不仅提升了旅游产品的品质，也为行业的可持续发展开辟了新的可能。

在建筑设计方面，绿色理念的核心是尊重自然环境。文旅项目中的建筑应当充分考虑当地生态特色，在满足功能需求的同时减少对自然环境的影响。例如，在建筑设计中利用地形地势和自然朝向，最大限度地使用自然光和通风条件，从而降低能源消耗。屋顶绿化、垂直景观等生态化设计手法不仅能美化环境，还能改善局部气候条件，为游客创造更加舒适的体验空间。

建筑材料的选择是实现绿色目标的关键环节。文旅项目应当优先采用可再生资源和环保型建材，如竹材、再生木材以及低污染的新型材料。这些材料不仅具有良好的环保属性，还能通过与当地文化的结合，提升项目的地域特色。例如，在项目中使用经过认证的环保涂料和节能玻璃，既能降低施工过程中的环境影响，又能为建筑增添独特的美学价值。

在能源管理方面，绿色建筑为文旅产业带来了新的发展机遇。通过推广可再生能源的应用，如太阳能发电系统、地源热泵等技术，文旅项目可以实现能源的高效利用。同时，完善的能源监测和管理系统能够实时跟踪建筑能耗情况，优化资源配置，进一步降低碳排放强度。这些技术创新不仅提升了项目的运营效率，也为游客展示了可持续发展的实践成果。

游客体验的提升是绿色建筑价值的重要体现。通过引入智能化设施，如自动化导览系统、智能温控设备等，可以为游客创造更加便捷舒适的旅游环境。例如，在公共空间设置互动式节能展示装置，可以让游客直观感受到绿色技术的魅力。这些创新设计不仅增强了项目的吸引力，也潜移默化地传播了环保理念。

绿色建筑与文旅产业的结合创造了多重价值。一方面，它提升了旅游产品的市场竞争力；另一方面，也为行业的可持续发展提供了实践范例。通过将生态理念融入项目建设和运营的各个环节，文旅企业可以在保护生态环境的同时，为游客创造更加优质的体验。这种创新模式不仅推动了产业升级，也为行业未来的发展指明了方向。

079 如何通过文旅产业推动绿色生态文明建设？

文旅产业在推动绿色生态文明建设中具有独特的优势和作用，能够通过绿色发展理念的融入，促进资源的可持续利用和生态环境的保护。随着环保意识的提升，绿色文旅产业逐渐成为推动生态文明建设的重要力量。

文旅产业可以通过发展生态旅游来推动绿色生态文明建设。生态旅游倡导低碳、环保、可持续的旅行方式，强调与自然环境的和谐共生。通过开发生态景区和保护性旅游项目，鼓励游客了解和尊重自然，减少对环境的负面影响。同时，生态旅游还能够提升公众对生态保护的意识，促进自然资源的合理利用和生态环境的恢复。

文旅项目的绿色认证也是推动生态文明建设的一种有效手段。越来越多的旅游企业和景区开始采纳绿色认证标准，通过优化资源配置、采用节能技术、减少污染排放等方式，获得绿色认证。这不仅提升了文旅产品的市场竞争力，也展示了企业在环境保护方面的责任感，有助于引导消费者选择绿色环保的旅游产品，形成绿色消费的良好社会氛围。

文化和旅游的融合可以促进地方生态文明的传承。通过文化活动、艺术展览等形式，弘扬生态文明的价值观念，倡导人与自然的和谐相处。同时，地方政府和旅游企业可利用传统文化资源，结合绿色旅游理念，开发特色生态文化产品，推动绿色生态经济与传统文化的结合。这种模式不仅能保护和传承传统文化，还能为当地经济提供可持续的发展动力。

绿色基础设施建设也是文旅产业推动绿色生态文明建设的重要途径。许多旅游项目开始注重绿色建筑、清洁能源利用、环境友好的交通系统等方面的设计，减少碳排放，节约能源，提升游客的绿色体验。例如，建设绿色酒店、使用太阳能发电、推广共享交通工具等措施，都是文旅产业推动绿色生态文明建设的有效途径。

文旅产业的绿色发展不仅可以带动经济增长，还能够实现环境保护和资源节约，推动绿色生态文明的深入发展。通过绿色旅游、绿色认证、文化与旅游的融合以及绿色基础设施建设，文旅产业能够为生态文明建设做出积极贡献。

第九章

网红经济与文旅产业的融合

080　网红经济在文旅经济中的地位是什么？

网红经济正在成为文旅产业发展的重要推动力。在当下社交媒体蓬勃发展的时代，网红经济为文旅产业注入了新的活力。通过社交平台的传播效应，网红正在成为文化和旅游产品推广的关键力量。这种创新营销模式不仅改变了传统的宣传方式，也为目的地和文化项目带来了更多关注和流量。

社交媒体平台为网红内容创作提供了广阔的舞台。在这里，个人魅力与专业能力相结合，形成独特的影响力。通过精心策划的内容输出，网红能够将各地的文化特色、旅游资源生动地呈现给观众。这种直观的展示方式往往比传统广告更具说服力，能够让潜在游客产生强烈的探索欲望。

在这一过程中，网络直播和短视频内容发挥了关键作用。通过实时互动和沉浸式体验，网红能够带领观众“云端游览”目的地，感受当地的文化魅力。这种新颖的传播形式打破了地域限制，让更多的地方特色得到展示机会。

网红经济也为地方特色文化的推广开辟了新途径。许多城市和地区开始注重将本土文化元素融入旅游产品开发中，并通过网红进行精准营销。比如，通过短视频展示当地的传统手工艺品制作过程，或邀请网红参与特色节庆活动。这种方式不仅提升了地方文化的传播效率，也增强了目的地的独特吸引力。

在消费端，“打卡式旅游”的兴起是网红经济影响文旅市场的显著特征。社交媒体平台上热门景点的推荐和种草内容，引导着游客的行为选择。这种现象带动了一系列相关产业的发展，从特色餐饮到手信选购，形成了完整的消费链条。同时，这也促使目的地不断优化服务体验，提升产品品质。

网红经济对文旅产业的深远影响体现在多个层面：它推动了营销方式的创新，促进了文化传播效率的提升，创造了新的消费场景和模式。这种新兴力量正在重塑文旅行业的价值链，为未来发展提供了更多可能性。如何更好地利用网红资源，发挥其在文化和旅游推广中的价值，将是未来需要深入探索的方向。

081　如何通过网红效应推动文旅产品的创新与推广？

在文旅产业的数字化转型过程中，网红效应正发挥着越来越重要的作用。通过社交媒体平台的传播优势，网红不仅为目的地和文化产品提供了高效的宣传渠道，更重要的是创造了独特的营销价值。这种新兴的推广方式正在重塑文旅行业的运作模式，推动传统旅游与文化传播向着更开放、更具互动性的方向发展。

在内容创作方面，网红带来的不仅仅是流量的增长，更是文旅产品创新发展的新动力。相比于传统的广告模式，网红的推荐更加生动自然，具有更强的真实感和感染力。这种特点使得目的地和文化项目的推广效果事半功倍。例如，在展示地方特色美食时，网红可以通过现场试吃、互动交流等方式，让观众更直观地感受到产品的独特魅力。这种方式不仅增加了内容的趣味性，也更容易引起目标受众的共鸣。

随着短视频和直播平台的兴起，文旅产品的传播方式也在发生深刻变化。网红通过实时互动的形式，将景区风光、文化活动等内容生动呈现给观众。比如，在景区进行直播时，网红会与粉丝展开实时交流，分享游览体验，甚至邀请粉丝“云旅游”。这种沉浸式的展示方式不仅拉近了观众与目的地的距离，还激发了他们的实地游兴趣。同时，通过设置互动环节，如在线问答、抽奖活动等，进一步增强了用户的参与感和体验感。

从市场效应来看，网红经济为文旅产业带来了显著的促进作用。一方面，网红强大的粉丝基础能够迅速放大产品的影响力，形成“打卡”效应；另一方面，他们创造的热点话题也会直接影响消费者的购买决策。这种现象不仅体现在景区门票、酒店住宿等传统旅游产品上，在文创商品、特色手信等领域也得到了充分体现。

值得关注的是，网红经济对文旅产业的推动作用不仅仅局限于宣传层面。它还在促进产品创新、提升服务体验等方面发挥着重要作用。为了更好地适应网红推广的特点，许多文旅企业开始在产品设计中融入更多个性化元素，推出更适合网络传播的产品和服务。这种转变不仅提升了产品的市场竞争力，也推动了整个行业的创新发展。

可以预见，在数字化浪潮的推动下，网红经济将在文旅产业中扮演更加重要的角色。如何充分利用这一新兴力量，平衡好商业利益与文化价值的关系，将是未来需要深入探索的方向。

082　网红与地方文化如何合作推动文旅品牌建设？

在文旅品牌建设中，网红与地方文化的深度合作正展现出独特的优势和价值。这种合作模式不仅创新了文化传播的方式，也为地方经济发展注入了新活力。通过巧妙结合网红的影响力和地方文化特色，实现了传统与现代、本土与全球的有机结合。

首先，网红的影响力日益凸显，一个重要原因在于其庞大的粉丝基数以及与受众之间形成的独特情感连接。不同于传统的广告传播方式，网红能够通过个人魅力和专业素养，将地方文化的独特性转化为更容易被接受和传播的内容形式。这种传播方式既保持了文化本真，又赋予了时代特色。

其次，在创作风格上，网红的多元化表达为地方文化的展示开辟了新的可能性。他们善于运用短视频、直播等新媒体形式，将传统文化元素与现代审美有机结合，创造出独具吸引力的内容产品。例如，有的网红通过复刻传统服饰造型，展现非遗技艺；有的则借助沉浸式体验场景，带领观众感受地方特色民俗。这些创意表达方式不仅让受众更容易接受和理解地方文化，也为文化传播注入了新鲜活力。

更重要的是，在与地方文化合作的过程中，网红展现出强大的创新能力。他们能够准确把握地方文化的独特价值，并将其转化为具有市场吸引力的产品或活动。例如，通过策划“寻找最美非遗传承人”系列短视频、发起“家乡特色美食挑战赛”等活动，既传播了地方文化，又带动了旅游消费。这种创新不仅提升了地方文化的知名度，也为文旅品牌建设提供了新思路。

从可持续发展的角度看，网红与地方文化的合作正在形成良性循环。一方面，地方文化通过网红的持续传播获得更广泛的认知度；另一方面，网红也从中获得了源源不断的创作素材和灵感来源。这种双向互动关系使得地方文化能够得到长期关注和发展，避免了“一阵风”式的传播效果。

此外，这种合作模式也为文旅产业带来了多重效益。通过网红的创意推广，不仅提升了目的地品牌形象，还带动了相关产业链的发展。例如，特色文创产品的开发、非遗技艺的市场转化等都取得了积极进展。这些成果既促进了地方经济发展，也推动了文化旅游资源的保护与传承。

可以预见，随着新媒体技术的不断进步和传播方式的创新，网红与地方文化的合作将迸发出更多可能性。如何在保持文化本真性的同时，更好地实现创造性转化，将是未来需要深入探索的方向。这种合作模式的成功经验，也将为其他地区提供有益借鉴，推动文旅产业实现更高质量发展。

083　网红经济如何推动文化旅游的市场拓展？

网红经济正成为文旅市场拓展中的一股新兴力量，在品牌营销、目的地推广以及吸引年轻消费群体方面发挥着独特价值。这种新型商业模式通过互联网传播的优势，架起了消费者与文化旅游目的地之间的桥梁，为文旅产业的创新发展提供了新思路。

首先，网红经济带来的直观体验感是其在文旅推广中的一大优势。通过直播、短视频等形式，网红能够实时展示目的地的独特魅力，让观众产生身临其境的感受。例如，一位知名旅行博主通过镜头带领粉丝“云游览”一座古镇，不仅展现了古建筑的风貌，还详细介绍了当地的历史文化背景和特色美食。这种沉浸式的传播方式打破了地理限制，使更多人有机会了解并产生前往实地体验的愿望。

其次，在营销创新方面，网红经济为文旅目的地提供了多样化推广手段。与传统广告相比，网红营销更具互动性和趣味性。通过“探店”“打卡”“挑战赛”等形式，能够激发粉丝的参与热情，形成裂变式传播效果。比如，某地特色民宿联合网红发起“诗意栖居”主题直播活动，不仅展示了民宿的自然环境和建筑特色，还邀请网友分享自己的旅行故事，这种双向互动增强了目的地的吸引力。

此外，网红经济在缩小文旅市场区域性差异方面也展现出独特作用。一些地理位置偏僻、资源禀赋一般的地区，通过网红推广获得了意想不到的关注度。例如，一位美食网红在社交媒体上分享了某小镇的传统小吃制作过程，不仅让当地特色饮食文化获得广泛传播，还带动了该地旅游业的发展。

最后，网红经济对文旅品牌价值的提升具有重要意义。通过持续的内容输出和口碑积累，能够增强游客对目的地的信任感和忠诚度。一位长期关注艺术类博物馆的网红，通过专业而富有温度的内容分享，不仅帮助粉丝了解相关文化知识，还培养了大家定期参观展览的习惯。

可以预见，随着社交媒体平台的进一步发展，网红经济在文旅市场中的作用将会更加突出。如何更好地发挥其优势，平衡好商业化与文化内涵的关系，将是未来需要深入探索的方向。这种创新模式的成功经验，也将为更多地区提供有益借鉴，推动文旅产业实现更高质量发展。

084　短视频平台在文旅产业中的作用是什么？

短视频平台正成为文旅产业升级的重要推动力，为目的地推广、文化传播和品牌建设提供了全新的可能性。这种视觉化传播方式正在改变传统的旅游营销模式，帮助文旅企业更高效地触达目标受众。

首先，短视频平台以其独特的优势，让文旅内容的展示更加生动直观。区别于传统图文宣传，短视频通过画面、音乐、旁白等多种元素的结合，能够立体展现目的地的独特魅力。比如，一位旅行博主用航拍镜头记录下某景区四季变换的美景，配合悠扬的背景音乐和简洁的文字说明，让观众在短短几十秒内感受到那里的自然之美。这种直观的视觉呈现方式，大大增强了内容的吸引力。

其次，短视频平台重构了文旅信息传播链路。过去，旅游信息主要通过旅行社、旅游网站等传统渠道传递，用户获取信息的路径较长且效率较低。而短视频平台打破了这一格局，让景区、酒店、特色体验等可以直接触达消费者。用户不仅可以在平台上观看新鲜的一手资讯，还可以通过社交互动深入了解其他游客的真实体验。

此外，短视频平台为文旅营销打开了更多创新空间。通过与网红达人、专业内容创作者合作，文旅企业能够策划出更具吸引力的活动。例如，结合当地节庆文化，推出创意挑战赛或特色打卡项目，吸引年轻人参与并主动分享自己的经历。这种沉浸式体验不仅提升了目的地的知名度，也增强了游客的参与感和记忆点。

值得注意的是，短视频平台的数据价值也为文旅决策提供了有力支持。通过对用户点赞、评论、分享等行为的分析，企业能够及时掌握市场动向和用户偏好，从而优化产品设计和服务流程。这种实时反馈机制让文旅运营更加精准高效。

可以预见，随着技术的进步和内容生态的完善，短视频在文旅产业中的应用前景将更加广阔。如何充分发挥其传播优势，平衡商业化与文化内涵的关系，将是未来需要持续探索的方向。这种创新模式的成功经验，也将为更多地区提供借鉴，推动文旅行业实现更高质量发展。

085　网红经济如何引领文旅市场趋势并带动消费升级?

网红经济已成为引领文旅市场趋势的重要力量，并且在推动消费升级方面发挥了巨大的作用。通过社交媒体平台，网红能够迅速吸引大量关注，为文旅产品和服务带来前所未有的曝光度，从而改变了传统文旅市场的消费模式。

网红经济为文旅市场注入了年轻化和个性化的元素，推动了文旅消费的升级。年轻消费者对个性化、独特体验的需求越来越高，传统的旅游方式已无法满足他们对新鲜感和独特感的追求。网红通过其个性化的内容创作，将一些小众旅游目的地、特色旅游产品带入大众视野，使消费者能够接触到更多元化的选择。通过网红的推荐和直播，消费者可以发现并尝试那些不为大众所熟知的地方和产品，从而促进了个性化消费的兴起。

网红经济通过实时传播和互动，为文旅市场带来了消费趋势的快速变动。网红通过直播、短视频等形式，可以快速将市场中的新兴趋势传递给粉丝。例如，短途旅游、亲子游、生态旅游等成为近年来的热门话题，网红在这些领域的推广起到了示范作用，引领了文旅消费的潮流。这种迅速反应的能力，使文旅市场能够更灵活地应对消费者需求的变化，从而推动了市场的快速发展。

此外，网红经济推动了文旅产品的“内容化”消费。过去，文旅产品多以实物为主，但现在，越来越多的消费者更注重旅游过程中的体验和内容。网红通过内容创作将旅游活动转化为视觉体验和情感体验，这不仅是对景点的介绍，更是对文化、历史、风俗等方面的深入挖掘。这种“内容化”的消费趋势，使消费者在选择旅游目的地和产品时，更多地关注其背后的文化内涵和独特体验，从而提升了文旅消费的质量。

通过网红的带动，文旅产业还加强了与电商平台的融合。许多文旅目的地和产品通过与网红的合作，进入电商平台进行线上销售。消费者可以通过直播、短视频等形式，了解旅游产品和服务的细节，甚至直接进行购买。通过这种模式，文旅消费进一步在线化，线上线下的融合促进了消费的便捷性和高效性。

总的来说，网红经济不仅改变了文旅市场的消费模式，还通过个性化体验、内容创作和电商融合等方式，推动了文旅消费的升级，引领了新的市场趋势。

086　如何平衡网红经济与文旅产业中的文化保护问题？

网红经济的迅猛发展为文旅产业带来了巨大的流量和关注，但同时也引发了文化保护方面的一些问题。如何平衡网红经济与文化保护，是文旅产业可持续发展的关键。通过合理引导和规范管理，能够在实现经济效益的同时，避免文化资源的过度开发和破坏。

网红经济的一个特点是快速消费和高频曝光，这可能导致文化资源被过度商业化。为了避免这一问题，文旅目的地在进行网红营销时，应注重文化内容的深度挖掘和正确传播。不能仅仅依赖于外部形象的包装和表面吸引力，而应通过网红的影响力讲述目的地的历史、文化和传统，从而提高公众对文化保护的认知。

网红与文化遗产的结合必须建立在尊重和保护的基础上。在推广文化遗产时，要避免将其简单化为“网红打卡地”，避免破坏性营销行为，如过度拍照、踩踏古迹等。政府和相关管理部门可以制定明确的政策和规范，要求网红在推广过程中尊重文化遗产的保护措施。例如，在拍摄过程中，明确规定不允许破坏环境、不允许过度开发景点等，确保文化遗产得到有效保护。

文化保护与网红经济的平衡还可以通过创意的文化展示形式来实现。网红可以通过创新的内容形式，比如纪录片、文化访谈、民俗展示等，更深入地展示文化的内涵和价值，而不仅仅是肤浅的“网红打卡”。这种方式不仅能吸引观众的注意力，还能增强他们对文化保护的认同感和责任感。

教育和引导也是平衡两者的重要手段。通过文旅行业组织、社交平台等渠道，开展文化保护的宣传教育活动，增强公众对文旅资源可持续利用的意识。网红作为公众人物，其行为对粉丝具有很强的示范作用，推广正确的文化价值观和保护理念，可以有效推动文化与经济的双赢。

综上所述，平衡网红经济与文化保护的关键在于合理引导，通过创新的内容创作、规范的管理措施和广泛的文化宣传，确保文旅产业在经济发展与文化保护之间找到合适的平衡点。

087　网红带货在文旅产业中的成功案例？

网红带货在文旅产业中的成功案例屡见不鲜，尤其是在社交媒体的推动下，许多文旅目的地和产品借助网红的影响力实现了品牌曝光和销售转化。其中，一些案例通过精准的市场定位和创新的营销方式，取得了显著的效果。

一个典型的成功案例是张家界的网红带货营销。张家界作为国内著名的旅游景区，近年来借助网红经济吸引了大量游客。通过与旅游博主和网红的合作，张家界不仅展示了其美丽的自然景观，还通过定制化的旅游产品和文化商品进行带货。在一些网红的直播中，观众不仅能看到张家界的壮丽景色，还能购买到当地的特色商品，如土特产、手工艺品等。这种结合旅游与电商的模式，使得张家界不仅提升了游客的到访量，还促进了当地经济的增长。

另一个成功的案例是故宫博物院的“文创带货”。故宫博物院借助一些文化网红和历史博主，通过社交平台推广故宫的文创产品，如手工艺品、文具、饰品等。这些产品往往与传统文化和历史相结合，具有独特的文化内涵，吸引了大量粉丝和消费者。通过网红的带货，故宫的文创产品不仅提升了知名度，还带动了文化消费，成为文旅产业与电商融合的成功典范。

此外，杭州的“西湖景区网红带货”也取得了不小的成功。当地通过与网红合作，利用网红的直播和短视频，向观众推荐西湖的游船、茶文化体验以及周边的特产。在带货过程中，网红通过真实体验与粉丝互动，增强了消费者的购买欲望。西湖的文化产品、纪念品和旅游套餐等，在网红的推荐下，销量大增，进一步提升了西湖的旅游品牌效应。

这些成功案例表明，网红带货不仅能提升文旅目的地的知名度，还能通过线上电商平台推动相关产品的销售。通过与网红的合作，文旅产业能够快速吸引目标群体，创新营销方式，提高消费者的参与感和互动性，最终实现文旅产业的经济效益与品牌传播的双赢。

088　如何通过网红平台增强文旅活动的参与感与互动性？

通过网红平台增强文旅活动的参与感与互动性，已成为文旅产业中的一种创新营销手段。网红平台的优势在于其庞大的粉丝基础和高频率的互动性，通过这种平台，文旅活动能够打破传统的单向传播，形成更加多元化的互动方式，提升活动的参与感。

利用网红平台可以为文旅活动创造真实且贴近观众需求的体验。网红通常会通过亲身体验、现场互动等方式，向观众传递真实的旅游感受。当网红带领粉丝参与到旅游活动中时，粉丝不仅是旁观者，更能够直接参与到活动的过程，如参与景区的活动、体验当地的传统文化等。这种沉浸式体验能够增强观众的代入感，使他们从虚拟的观众变成了实际的参与者，提升了活动的互动性和参与感。

网红平台还可以通过直播、短视频等形式，使活动过程更加生动有趣。通过实时直播，观众可以看到活动的每一个细节，并与网红进行实时互动。这种即时性和互动性让观众的参与感倍增。观众可以在直播中发表评论、提问或参与抽奖等互动环节，增加与活动的互动性，提升他们对活动的投入度。例如，某些景区通过网红直播带领观众虚拟参观，并通过互动环节让观众投票选择景点参观路线或体验项目，进一步增强了互动性。

通过网红平台，还可以利用粉丝社区的力量增强活动的持续性与互动性。网红通过与粉丝建立紧密的联系，能够将文旅活动的宣传延伸到活动之外。粉丝不仅能在活动期间参与，还可以在后续的互动中分享自己的旅行体验或与活动相关的内容，形成长期的互动。这种持续的线上交流增强了活动的影响力和参与感。

结合网红平台的特点，文旅活动还可以设计专属的线上活动或挑战，鼓励粉丝和游客参与到内容创作中。比如，鼓励游客分享自己的旅行故事、照片或视频，通过平台进行评选和奖励。这种方式不仅能够提高活动的参与度，还能够通过用户生成内容（UGC）扩大活动的传播范围。

通过以上方式，网红平台不仅能够增强文旅活动的参与感与互动性，还能够提升活动的影响力和吸引力，推动文旅产业的创新发展。

089　如何利用网红经济提升文旅品牌影响力?

利用网红经济提升文旅品牌影响力，关键在于通过网红平台的广泛传播和强大粉丝效应，使文旅品牌获得更高的曝光度和认知度。网红通过其强大的社交媒体影响力，能够有效地连接品牌与消费者，推动品牌形象的塑造与传播。

网红带来的内容创作能够将文旅品牌的独特性展现得淋漓尽致。网红通常以个性化、独特的视角和生动的叙事方式展现旅游景点、文化活动及相关产品。这种创作方式比传统广告更加贴近消费者的情感需求，有助于打破文旅品牌的传统营销壁垒，形成有趣且富有吸引力的品牌故事。通过这种方式，品牌能够更自然地融入消费者的日常生活中，增强品牌的亲和力和影响力。

网红通过直播、短视频等方式能实时展示文旅品牌的内容，进一步提升其传播的及时性和广泛性。在直播过程中，粉丝不仅能够看到实时的景点推荐、活动体验和文化分享，还能够直接与网红互动，提出问题或表达看法。通过这种互动，粉丝对文旅品牌的认知和参与感得以增强，进而提升品牌的忠诚度和口碑效应。此外，直播的即时反馈和互动性使得品牌与消费者之间的距离大大缩短，有助于建立更强的品牌关系。

借助网红平台的影响力，文旅品牌还可以通过精准营销将目标受众与品牌有效对接。网红在选择合作时通常会基于自己的粉丝群体特征，这使得文旅品牌可以根据目标受众的兴趣和偏好选择合适的网红进行合作。通过这样的定向营销，文旅品牌能够更加精准地吸引潜在客户，提升品牌曝光的精准度和转化率。

网红经济还能够通过跨平台传播进一步提升品牌影响力。文旅品牌可以与多个社交平台上的网红进行合作，进行多平台推广，扩大品牌的影响范围。通过网红的社交媒体互动，文旅品牌可以利用不同平台的特性，灵活调整营销策略，从而实现品牌的全方位曝光。

综上所述，网红经济通过内容创作、实时互动、精准营销和跨平台传播等方式，有效地提升了文旅品牌的曝光度、参与感和影响力，为品牌的持续发展创造了更多机遇。

第十章

文旅经济的挑战与前景

090 当前文旅产业面临的主要挑战有哪些?

在经济社会发展新形势下，文旅产业既迎来前所未有的发展机遇，也面临着复杂多变的挑战。这些挑战来自多个维度，对行业发展提出了更高要求。

当前，文旅市场的竞争格局日益白热化。传统文旅项目与数字化创新产品之间的竞争愈演愈烈，消费者的需求也在不断升级，呈现多样化、个性化趋势。许多文旅企业正面临“本领恐慌”：如何在传承中创新，在传统中突破？这需要企业在提升服务质量的同时，在产品设计上注入更多创意元素。借助虚拟现实、增强现实等新技术手段，打造沉浸式旅游体验，成为突围的关键。

环境保护与可持续发展已成为行业发展不可回避的课题。随着游客量持续攀升，生态环境承载压力日益增大。过度开发、资源浪费和环境污染等问题若得不到有效解决，将严重影响行业发展的质量和效益。如何在开发与保护之间寻找平衡点，构建绿色低碳发展模式，是摆在每个文旅从业者面前的时代命题。

人才短缺是制约行业发展的一大瓶颈。文旅产业需要复合型专业人才，既要有市场营销的敏锐度，又要有文化创意的创造力，还要掌握数字化管理技能。然而，行业吸引力不足、人才培养体系不完善等问题导致“用工荒”现象日益突出。人才断档不仅影响企业创新活力，也制约着服务质量提升。

总体来看，文旅产业在迈向高质量发展的进程中，需要直面市场竞争、生态保护和人才短缺等多重挑战。破解这些难题，需要政府、企业和从业者的共同努力：既要强化创新驱动，提升发展质量；又要坚持绿色发展理念，实现人与自然和谐共生；更要未雨绸缪，构建韧性发展机制；同时还要加大人才培养力度，为行业发展注入新动能。

应对这些挑战不是终点，而是迈向更高质量发展的起点。唯有正视问题、迎难而上，文旅产业才能在变局中开新局，在考验中谋突破。

091 如何应对文旅产业的资源过度开发问题？

在文旅产业发展过程中，资源过度开发问题日益凸显。随着旅游需求的持续增长，一些重要旅游目的地和景区因盲目扩张而导致资源浪费、生态环境破坏的现象屡见不鲜。如何实现资源利用与生态保护的平衡，已成为当下亟待解决的重要课题。

首先，在资源管理方面需要未雨绸缪。文旅产业应建立健全可持续管理体系，避免在经济利益驱动下寅吃卯粮。科学规划和评估机制是关键，通过深入研究旅游资源承载能力，合理划定开发边界，确保资源利用不会突破生态红线。这不仅能够保护自然资源，也能为文旅项目的长远发展奠定基础。

其次，在发展理念上需要转变思路。政府和企业应携手推进“绿色旅游”理念落地实施。通过制定科学的政策标准，推动文旅项目向绿色发展转型。在具体操作中，必须将生态保护放在首位，严格把控开发节奏。环境影响评估和持续监测应当成为项目审批的基本门槛，确保开发活动既满足经济需求，又不透支生态未来。

再者，在产品创新方面可以另辟蹊径。传统景区过度依赖“人海战术”的模式难以为继，这不仅会造成资源耗竭，也会降低游客体验质量。通过开发个性化、定制化的旅游产品，深入挖掘地方特色文化内涵，能够有效分解客流压力。这种精细化运营方式既能让热门景区“减负”，又能带动冷门地区发展，实现旅游资源的均衡利用。

最后，在游客教育方面需要春风化雨。通过加强环保宣传和引导，提升游客的社会责任感。鼓励游客践行绿色旅游理念，从点滴做起，如减少浪费、保护生态等。这种全民参与的方式既能让游客获得更优质的旅行体验，也为文旅产业可持续发展提供了社会基础。

总体而言，解决资源过度开发问题需要多方协作、多管齐下。通过科学规划、绿色发展、产品创新和游客教育等综合施策，文旅产业才能在保护中求发展，在发展中谋长远，最终实现经济效益、社会效益和生态效益的共赢。这不仅是对当下负责，更是为子孙后代留下宝贵的财富。

092 如何应对旅游业中的“过度旅游”现象？

在当今旅游业蓬勃发展的大背景下，“过度旅游”这一现象已成为全球许多热门目的地面临的共同挑战。这种现象不仅给当地环境带来巨大压力，还可能对地方文化和社会造成深远影响。如何平衡旅游业发展与资源承载能力之间的关系，成为亟待解决的重要课题。

首先，在游客流量管理方面需要未雨绸缪。通过建立科学的预约制度和分流机制，可以有效避免景区过度拥挤的现象。例如，实施分时段游览、设定每日最大接待量等措施，既能保障游客体验质量，又能减少对自然资源的过度消耗。同时，加强对游客流向的引导，将客流分散至不同区域或景点，能够实现旅游资源的均衡利用，降低热门地区的人为压力。

其次，在可持续旅游方面，构建绿色出行体系至关重要。鼓励游客选择低碳环保的出行方式，如步行、骑行或公共交通工具，既能减少碳排放，又能培养游客的环保意识。与此同时，推广生态友好型旅游项目，注重保护当地自然环境和文化遗产，不仅能提升旅游业发展质量，还能为游客提供更加丰富多元的旅行体验。

再次，科技手段的应用也为解决过度旅游问题提供了新思路。通过大数据平台实时监测客流动态，可以实现精准客流管理。例如，利用智能系统对热门景点进行动态调控，在高峰时段及时分流游客至其他区域。数字化技术还能够为游客提供个性化的行程建议，帮助他们避开拥挤场所，发现更多特色景点。这种“智慧旅游”模式不仅提升了游客体验，也为旅游资源的可持续开发提供了有力支持。

最后，构建和谐的社区关系是实现旅游业健康发展的关键。通过加强与当地居民的沟通协作，可以确保旅游发展不会对社区生活造成负面影响。例如，在规划旅游项目时充分考虑居民需求，建立利益共享机制，让社区从旅游业发展中获得实实在在的好处。这种双向互动模式不仅能提升游客体验满意度，还能促进旅游业与地方社会的协同发展。

总之，应对过度旅游挑战需要多管齐下、协同推进。通过科学管理、绿色发展、智慧赋能和社区共建等综合措施，可以实现旅游业的可持续发展。这不仅有助于保护生态环境，也能为游客创造更加优质的旅行体验，最终达到经济效益、社会效益和生态效益的多方共赢。

093 文旅企业如何提高风险管理能力？

文旅企业在快速发展过程中面临着来自市场、财务、法律等多方面的风险挑战。如何有效应对这些风险，构建稳健的发展模式，成为企业可持续发展的重要课题。在风险管理体系的构建中，需要从多个维度入手，形成全方位的风险防控机制。

首先，在市场风险管理方面，建立科学的风险评估体系是基础。通过定期开展市场调研和数据分析，及时掌握行业动态和发展趋势，能够帮助企业准确识别潜在风险点。特别是在当前市场需求变化加剧的背景下，企业应注重产品结构的优化调整，避免过度依赖单一市场或产品类型。例如，可以根据不同消费群体的需求特点，开发多元化的产品组合，在增强市场适应性的同时降低经营风险。

其次，在财务风险管理方面，企业需要特别关注资金流动性管理和投资结构的合理性。一方面要保持健康的现金流状况，确保企业在面对突发情况时具备足够的抗风险能力；另一方面可以通过分散投资策略来规避风险集中带来的损失。例如，将资金合理分配到不同类型的文旅项目中，既能降低单一项目失败对企业整体运营的影响，又能通过多元化发展开拓新的增长点。

最后，法律风险管理是企业合规经营的重要保障。除了聘请专业法律顾问提供咨询服务外，定期开展法律法规培训也是提升全员法治意识的有效途径。特别是在员工管理、游客服务等环节，要特别注重操作规范的制定和执行，从源头上预防潜在的法律风险。同时，建立完善的安全管理制度和应急预案体系，能够为企业应对各类突发事件提供制度保障。

在突如其来的疫情中，文旅企业遭受了前所未有的冲击，这充分暴露出企业在危机管理方面的短板。因此，建立灵活高效的应急管理体系显得尤为重要。一方面要制定详细的应急预案，涵盖从信息预警到处置响应的全流程；另一方面要定期组织演练，确保预案的有效性和可操作性。通过构建快速反应机制，企业不仅能够在危机发生时有效应对，还能在危机后迅速恢复生产经营秩序。

总之，在当前复杂多变的市场环境中，文旅企业需要构建全方位的风险管理体系。通过建立健全风险评估机制、优化财务管理模式、加强法律合规建设以及完善应急管理体系等综合措施，企业能够更有效地识别、防范和化解各类风险。这不仅有助于提升企业的抗风险能力，也将为企业在市场竞争中赢得更大的发展空间。

094 如何促进文旅产业的多元化与创新？

文旅产业的持续发展离不开创新与信心的双重驱动。在这个充满机遇与挑战的时代，文旅企业需要以更开放的姿态拥抱变化，通过创新思维和资源整合，在激烈的市场竞争中脱颖而出。

文旅资源的深度开发与跨界融合是激发产业发展活力的关键。企业应当立足自身特色，充分挖掘地域文化内涵，并将其与现代科技、艺术创意等多元要素相结合。例如，通过“文化+科技”的创新模式，打造沉浸式体验项目，不仅能够增强游客的参与感和互动性，还能让传统文化焕发新的生机。这种跨界的融合不仅是对传统旅游产品的一次升级，更是对企业核心竞争力的一次提升。

与此同时，个性化服务正在成为文旅产业升级的重要方向。随着消费者需求日益多元化、细分化，传统的标准化服务已经难以满足市场需求。通过大数据分析和人工智能技术的应用，企业可以精准把握不同消费群体的偏好特点，并据此设计定制化的旅游产品和服务方案。例如，为亲子家庭设计寓教于乐的主题线路，为年轻人量身打造社交型旅行体验等。这种个性化服务不仅能提高游客满意度，更能帮助企业实现差异化竞争。

在绿色发展成为全球共识的大背景下，文旅产业也正在经历一场“绿色革命”。越来越多的企业开始将生态环保理念融入产品设计中，开发低碳、可持续的旅游项目。无论是生态观光游还是文化保护主题游，这些新型旅游模式不仅能够吸引更多关注环境保护的游客群体，更能在发展中实现经济效益与生态保护的双赢。

数字化转型则是文旅产业创新发展的另一重要维度。虚拟现实（VR）、增强现实（AR）等新技术的应用正在重塑人们的旅行体验。通过数字技术赋能传统旅游项目，企业不仅可以为游客带来全新的沉浸式体验，还能打造线上线下的联动效应。例如，在推广景区时，可以通过VR技术让游客提前感受现场氛围；在游览过程中，则可以借助AR导览获得更丰富的信息内容。这种数字化创新不仅提升了服务品质，更为文旅产业打开了更多可能性。

通过多维度的创新发展策略，文旅产业正在迎来新一轮的增长机遇。无论是跨界融合、个性化服务，还是绿色转型与数字化赋能，这些创新实践都在为行业发展注入新的活力。在这个充满变化的时代，唯有持续创新、拥抱变革的企业才能在市场竞争中立于不败之地，并最终实现可持续发展目标。

095　文旅产业的未来发展趋势是什么?

文旅产业的未来图景正在被三大关键词重新定义：创新、绿色与国际化。在这个充满变革的时代，文旅企业需要以更开放的姿态拥抱变化，在技术赋能中寻找机遇，在需求变迁中把握方向，在可持续发展中赢得未来。

数字化转型正在成为文旅产业升级的核心动力。随着5G、人工智能、大数据等新技术的广泛应用，虚拟现实（VR）和增强现实（AR）技术正在重新定义人们的旅行体验。通过这些创新技术，游客不仅能够突破时空限制，在任何地方都能身临其境地感受全球各地的文化与美景，还能获得更具交互性的旅游体验。这种数字化赋能不仅让传统旅游服务焕发新生机，更为文旅产业打开了全新的想象空间。

与此同时，消费者需求的个性化、定制化趋势日益明显。当今游客不再满足于千篇一律的产品，而是期待更独特、更有深度的旅行体验。这要求文旅企业必须更加精准地把握用户需求，通过大数据分析、人工智能等手段实现“千人千面”的服务模式。从定制化的行程规划到个性化的服务推荐，从主题化的产品设计到场景化的体验打造，这种以用户为中心的创新正在重塑整个行业生态。

在可持续发展成为全球共识的今天，绿色转型已成为文旅产业发展的必由之路。随着环保意识的提升，越来越多的游客将生态足迹、碳排放等因素纳入旅游决策考量。这意味着文旅企业必须在产品设计、服务提供等各个环节践行绿色发展理念。从推广绿色住宿到倡导低碳出行，从开发生态旅游项目到实施资源保护措施，这种负责任的发展模式不仅能够满足消费者的新期待，更能为企业的长期发展赢得更大空间。

国际化布局则是文旅产业实现高质量发展的必经之路。在全球化背景下，文化软实力的竞争日益激烈。通过加强跨国文化交流与合作，推动中华优秀传统文化的国际传播，文旅产业不仅能开拓更广阔的市场空间，还能在促进文明互鉴中发挥重要作用。相信随着更多具有中国特色、国际水准的文化旅游项目的推出，必将吸引全球游客的目光，讲好中国故事，传递文化魅力。

展望未来，文旅产业的发展将呈现出几个显著特征：科技与人文的深度融合、个性化服务与标准化管理的平衡、经济效益与生态效益的共赢、国内发展与国际合作的并重。这些趋势不仅描绘了行业的美好蓝图，更指明了发展的努力方向。在这个充满机遇与挑战的新时代，唯有持续创新、拥抱变革的企业才能在市场竞争中立于不败之地，并最终实现可持续发展目标。

096 文旅产业如何应对人才短缺问题？

当前，文旅产业发展正面临一个亟待解决的深层次问题——人才短缺。这个问题不仅制约着行业的可持续发展，也对整个产业的升级转型提出了严峻挑战。在这个背景下，构建多元化的人才培养和引进体系，优化行业人才结构，已成为推动文旅产业高质量发展的关键所在。

在人才培养方面，深化产教融合是破解难题的重要突破口。通过与高等院校、职业培训机构建立更紧密的合作关系，设立定向委培项目，可以有效缓解专业人才短缺的现状。这种校企联合培养模式不仅能为行业发展输送更多高素质人才，还能帮助年轻一代实现职业理想，为他们的成长成才创造良好条件。

针对现有从业人员的能力提升，企业应加大培训投入力度。特别是仓储管理和技术岗位等关键环节，需要通过定期的专业培训和科学的职业发展规划，不断提升员工的技能水平和综合素质。同时，建立健全内部晋升机制，让员工看到清晰的发展前景，从而增强他们对企业的归属感和工作热情。

在人才引进方面，文旅产业应主动打破行业壁垒，吸收跨领域专业人才加盟。比如数字化转型、大数据应用等新兴技术领域的专家，他们的加入不仅能为行业发展注入新鲜血液，还能带来创新思维和技术优势。通过跨界合作，不仅能够有效补充人才缺口，更能推动整个行业的转型升级。

优化工作环境和薪酬福利是提升行业吸引力的另一重要抓手。与传统行业相比，文旅产业需要更加注重员工的职业体验和发展空间。一方面要营造良好的工作氛围，另一方面也要提供具有竞争力的薪资待遇和福利保障。同时，还需要通过政策支持、行业规范等方式，进一步提升文旅行业的社会认可度和职业荣誉感，吸引更多优秀人才投身这一事业。

综上所述，破解文旅产业的人才困境需要多方发力：深化校企合作培养专业人才，加强在职培训提升现有员工能力，引进跨行业精英补充人才梯队，优化工作环境增强岗位吸引力。通过这些综合施策，文旅产业不仅能缓解当前的人才短缺问题，更能为行业的持续健康发展奠定坚实的基础，实现人才队伍的高质量建设与产业发展目标的良性互动。

097　文旅经济的数字化转型面临哪些挑战？

在文旅经济加速数字化转型的过程中，新机遇不断涌现，但同时也面临着诸多现实挑战。这些挑战不仅考验着行业的智慧，也对从业者的创新能力提出了更高要求。

技术设施的薄弱是摆在文旅企业面前的第一道难关。对于众多中小型文旅机构而言，资金和资源的短缺使其难以承担数字化升级所需的高昂成本。特别是在一些偏远地区，网络覆盖不足的问题更加凸显，严重制约了数字化服务的推广与应用。这些“数字鸿沟”的存在，使得部分地区在转型进程中显得力不从心。

人才匮缺更是让这场转型之路走得步履维艰。文旅行业的数字化不仅需要先进的技术支持，更离不开既懂传统文化又精通现代信息技术的复合型人才。然而目前行业面临的人才困境不容忽视：既有经验丰富的技术专家不了解文旅业务特点，也有深谙文化精髓的专业人士缺乏数字化技能。这种结构性矛盾使得许多企业在推进转型时常常感到力不从心。

传统观念的束缚同样是横亘在转型之路上的一道屏障。部分文旅企业和从业者对新技术、新模式持谨慎态度，他们或是固守既有运营模式而不愿改变，或是担心创新带来的不确定性。这种思维定式的存在，严重影响了数字化技术的推广应用速度和效果。

数据安全与隐私保护问题更是不容忽视。随着大数据、云计算等技术的广泛应用，用户信息的收集与存储规模不断扩大。如何在提升服务效率的同时确保信息安全，如何避免数据泄露事件的发生，这些都成为企业必须直面的重要课题。特别是在文旅行业，涉及大量个人行程、消费习惯等敏感信息，稍有不慎就可能引发严重后果。

投入成本与经济效益之间的矛盾更是困扰着许多中小型文旅企业。数字化转型往往需要持续的资金投入，而短期内难以看到明显的回报。这对本就面临经营压力的企业来说，无疑是一个巨大的考验。如何在技术升级和商业回报之间找到平衡点，是每个从业者都需要认真思考的问题。

总的来说，文旅经济的数字化转型是一场机遇与挑战并存的征程。从技术设施到人才储备，从观念更新到安全保障，每一步都充满着变革的阵痛。但正是这些困难的存在，才更凸显出转型的必要性和紧迫性。唯有正视问题、迎难而上，文旅行业才能在这场数字化浪潮中把握机遇，在新时代焕发新的生机与活力。

098 如何应对文旅产业在全球化背景下的文化多样性保护问题？

在全球化背景下，文旅产业面临着文化多样性保护的重大挑战。全球化带来了信息和资源的共享，促进了不同文化的交流与融合，但同时也可能导致一些地方文化的消失或同质化。因此，如何在全球化进程中保护文化多样性，成为文旅产业发展的重要议题。

文化多样性保护的核心在于尊重和传承不同文化的独特性。文旅产业可以通过开发具有地方特色的文化产品和旅游项目，将地方传统文化与现代旅游需求相结合，避免过度商业化和过度开发。一方面，文旅产业应注重发掘和保护本地的历史遗产、民俗传统、非物质文化遗产等独特资源；另一方面，应通过创新的方式使其在全球化的语境下得以传播和发展。例如，开发符合现代游客需求的文化体验项目，同时尊重和保留其传统和历史背景，以保持文化的原汁原味。

跨文化交流和理解也是文化多样性保护的重要方面。在全球化的背景下，不同文化之间的交流日益频繁，文旅产业可通过加强文化交流，促进不同文化之间的相互理解和尊重。通过教育和传播，游客可以了解目的地的文化内涵和历史背景，增强对文化差异的尊重和包容。例如，在文化旅游活动中，可以融入本地的历史故事、传统艺术及手工艺，使游客不仅是观光者，更是文化的学习者和传承者。

文旅产业的政策和管理也需要更加注重文化多样性的保护。政府和相关部门应制定文化保护的政策和法律框架，确保文化遗产在开发过程中得到合理保护。通过设立文化遗产保护区、加强对文旅项目的监管和评估，可以有效避免过度开发和文化资源的破坏。同时，还应鼓励本地社区参与文化保护的决策和管理，确保文化的传承与创新并存。

此外，科技创新在文化多样性保护中也能发挥积极作用。数字技术、虚拟现实（VR）、增强现实（AR）等新兴技术，可以帮助文化遗产进行数字化保存和虚拟展示，确保文化的长久保存并使其跨越地域和时间的限制，触及全球观众。通过这些技术，文旅产业可以让更多的人了解和体验不同文化，增强全球文化多样性的认知和尊重。

在全球化背景下，文旅产业应积极采取多种手段，既保护地方文化的独特性，又促进文化的跨文化交流与创新，以实现文化多样性在全球化进程中的可持续发展。

099　文旅产业如何提升数字化能力以应对未来挑战？

文旅产业面临着不断变化的市场需求和技术革新，因此，提升数字化能力是应对未来挑战的关键。数字化不仅能够提高产业效率，还能提升用户体验和服务质量，为文旅行业带来更广阔的发展空间。

数字化转型的基础在于加强信息技术的应用。文旅企业可以通过大数据、云计算等技术手段，深入挖掘游客的需求与偏好，优化产品和服务。通过数据分析，企业能够实时了解市场趋势、消费者行为和旅游需求，从而调整营销策略和产品设计。比如，借助大数据，景区能够精确预测游客流量，避免过度拥挤，同时提供个性化的旅游推荐服务，提升游客满意度。

此外，文旅产业可以通过数字化平台实现资源的整合与共享。通过建立统一的数字平台，各类旅游资源如景点、酒店、交通等可以进行信息共享，简化游客的预订和出行过程。这种平台化、信息化的运营模式不仅提高了资源利用效率，还降低了运营成本，同时为游客提供更加便捷的一站式服务。

在营销方面，数字化技术也能够帮助文旅产业更精准地定位消费者。社交媒体、短视频平台、搜索引擎等数字营销渠道的兴起，为文旅产品的宣传和推广提供了新的平台。通过与网红、KOL（关键意见领袖）等的合作，文旅品牌能够通过更具吸引力的内容传播，提高品牌曝光度并吸引潜在消费者。此外，社交媒体的互动性使得品牌能够与消费者建立更紧密的联系，提升用户的参与感和忠诚度。

数字化能力的提升还表现在提升游客体验方面。虚拟现实（VR）、增强现实（AR）等技术的应用，可以让游客在虚拟环境中提前体验旅游目的地，甚至在疫情等特殊时期，实现“云旅游”。这些技术不仅为游客带来全新的体验，还帮助景区克服了人力和物理空间的限制，提升了整体服务质量。

最后，数字化转型使得文旅产业能够更加灵活应对突发事件和市场变化。通过智能化管理系统，文旅企业可以实时监控运营情况，及时调整运营策略和资源配置，增强抗风险能力。

通过提升数字化能力，文旅产业能够更好地满足新时代游客的需求，同时提高运营效率和市场竞争力，应对未来发展的各种挑战。

100 文旅产业未来面临的主要挑战和创新机遇是什么？

文旅产业未来面临的主要挑战与创新机遇并存。在全球化、数字化以及社会文化快速变化的背景下，文旅产业既要应对外部环境的多重挑战，也可以利用技术创新带来的新机遇。

首先，最大的挑战之一是市场需求的多样化与个性化。随着消费观念的变化，游客越来越倾向于追求独特和定制化的旅游体验。这对传统的大规模、标准化的旅游模式提出了巨大的挑战。文旅产业必须调整产品供给，从大众化的旅游景点向个性化、体验式的深度旅游转型。如何通过精细化运营、创新产品和定制化服务，满足不同消费群体的需求，将是未来的关键。

其次，生态环保压力也成为文旅产业的重要挑战。随着旅游业的快速发展，生态环境承载能力面临巨大压力，过度开发、资源浪费、环境污染等问题日益严重。如何在追求经济效益的同时，保持环境的可持续性，成为摆在文旅产业面前的一大难题。产业需要更多地依赖绿色旅游理念和可持续发展模式，在资源保护和旅游体验之间找到平衡。

在创新机遇方面，数字化技术为文旅产业带来了前所未有的发展空间。虚拟现实（VR）、增强现实（AR）、大数据、人工智能（AI）等技术，能够为游客提供沉浸式的旅游体验，同时帮助企业进行精准的市场营销、游客管理和资源配置。数字化不仅提升了服务质量，还创造了全新的商业模式，如“云旅游”，使游客可以在家中体验全球旅游景点，这种创新模式有望拓宽市场，尤其是在特殊时期，如疫情防控期间。

此外，文化旅游的深度融合也为文旅产业提供了巨大的发展机遇。随着消费者对文化体验的兴趣增加，文旅产业可以通过加强文化资源的保护和创新，开发更多富有文化内涵的旅游项目。通过文化的包装和创新表达，打造有特色的文化旅游品牌，推动地方经济的繁荣。

全球化背景下，文旅产业还可以通过加强国际合作与跨国资源整合，拓展全球市场。这一方面使得文旅目的地可以借助国际化平台提升知名度，另一方面也促进了全球旅游产品和服务的多样化与个性化。

在面临挑战的同时，文旅产业有机会通过创新技术、可持续发展和文化深度融合等方式，推动行业的转型与升级。